HISTOIRE POPULAIRE

DE

CHALON-SUR-SAONE

HISTOIRE POPULAIRE

DE

CHALON-SUR-SAONE

PAR

Louis-J.-M. CHAUMONT

Auteur de l'*Histoire populaire de Bourgogne*,
des *Pérégrinations en Orient et en Occident*, etc.

> « L'histoire de la contrée, de
> la province, de la ville natale est
> la seule où notre âme s'attache par
> un intérêt patriotique. »
> (Aug. THIERRY.)

CHALON-SUR-SAONE

IMPRIMERIE L. MARCEAU, SUCC^r DE J. DEJUSSIEU

RUE DES TONNELIERS, 5

1885

HISTOIRE POPULAIRE

DE

CHALON-SUR-SAONE

CHAPITRE Ier

PÉRIODE GALLO-ROMAINE

Sommaire :

Antiquité de Chalon. — Son origine. — Mœurs de ses premiers habitants. — Guerre d'Arioviste et des Romains. — Rôle important que les citoyens de Chalon remplissent durant la guerre de l'indépendance gauloise. — Civilisation gallo-romaine.

« Que s'il y avoit ville en France bien
« unie, riche par amitiez et concorde,
« gaillarde en toute honnesteté et floris-
« sante en biens, haut repos, probité et
« contentement, c'était Chalon (1). » Nous
pouvons ajouter à ce témoignage si flatteur

(1) Saint-Julien-de-Baleure.

du vieil historien bourguignon que Chalon-sur-Saône, par son antiquité, doit être rangé au nombre des villes les plus intéressantes de notre belle province. Son nom gallo-romain est *Cabillo* ou *Cabillonum,* dont l'orthographe n'a pas été moins altérée que celle du nom français (1). Nous ignorons quelle en est la signification étymologique ; mais, à n'en pas douter, ce mot est d'origine celtique, puisque Chalon était l'une des principales cités de la Confédération Éduenne. Bibracte seule lui disputait le premier rang. Si l'on admet avec la nouvelle critique historique que la vieille capitale des Eduens fut, après la conquête de Jules César, abandonnée par les Romains et reconstruite dans une situation plus avantageuse, sous le règne d'Auguste, qui lui donna son nom, Chalon serait d'une antiquité beau-

(1) On l'a écrit de différentes manières: *Cabellio, Cavellio, Cavilo et Cavilonum,* si bien que les auteurs latins confondent quelquefois Chalon avec Cavaillon ; de même la coutume abusive d'ajouter au mot français un accent circonflexe sur l'a et un s à la fin lui donne le nom de Châlons-sur-Marne.

coup plus reculée qu'Autun. Mais à quelle époque devons-nous faire remonter la date de sa fondation? c'est ce qu'il nous est difficile de déterminer d'une manière précise. On connait la répugnance que les Celtes en général et plus particulièrement les Éduens avaient pour les villes, où, disaient-ils, la liberté trouve toujours des chaînes et où le courage du soldat s'amollit. Peu à peu cependant ils se fixèrent sur leur territoire et se mirent à construire des demeures, ordinairement enfoncées en terre et couvertes de chaume ou de paille broyée et hachée. Chacun se logea au milieu de sa possession, afin d'être plus à portée de la chasse, qui faisait les délices et constituait presque l'unique occupation de nos pères. Une de leurs lois fondamentales était de ne tenir des assemblées politiques ou religieuses qu'en rase campagne.

Toutefois, la nécessité de se défendre contre un ennemi commun ou encore les progrès de la civilisation les obligèrent à se grouper et à se rapprocher les uns des autres. C'est ainsi que plusieurs agglomérations, d'abord peu importantes, s'éta-

blirent sur divers points de la Confédération. On leur donna le nom de *pagi* ou
bourgades, comprenant un certain nombre
d'habitants, qui avaient leurs lois et leurs
magistrats particuliers. Les unes s'élevèrent sur le sommet de quelques montagnes escarpées et devinrent, comme Bibracte, des places de guerre formidables;
les autres, bâties au bord des rivières et
des fleuves, seules voies de communication entre les différents peuples de la
Gaule, s'adonnèrent au commerce et
acquirent en peu de temps une prospérité inconnue aux âges précédents. Cabillonum fut de ce nombre. Sa position sur
la rive droite de la Saône, dans un pays
d'une fertilité merveilleuse, en fit rapidement une ville considérable. A l'origine,
elle n'était que le chef-lieu d'un *pagus,*
habité par les Ambarres, que César
appelle les alliés nécessaires et les consanguins des Éduens (vers le IVe siècle
avant J.-C.).

Quel était, à cette époque reculée, l'état
politique et social de la Gaule? nous
n'avons point à le dire ici. Les historiens
sont unanimes à célébrer le courage et

l'humeur belliqueuse de nos ancêtres ; ils nous les représentent comme des guerriers intrépides, allant au combat sans autre arme défensive qu'une ceinture autour du corps ; les haches et les couteaux, dont ils se servent sur les champs de bataille, sont en silex, admirablement taillé et poli ; mais ils ne tarderont pas à exploiter leurs mines de fer, de cuivre et d'étain et à fabriquer eux-mêmes des lances, des épées, des casques et des cuirasses.

Cependant, malgré la violence de leurs mœurs, les Éduens étaient sympathiques aux faibles et aimaient à les défendre contre les forts ; narrateurs intrépides et pleins de verve, ils voulaient connaître ce qui se passait dans les contrées lointaines ; les habitants des cités et des bourgs recherchaient les étrangers, leur offraient généreusement l'hospitalité, les entouraient sur les marchés et sur les places publiques, et les obligeaient à raconter ce qu'ils avaient vu et entendu durant leurs voyages. On comprend facilement qu'une ville, aussi favorable au commerce que Cabillonum, à cause de sa belle situation sur la Saône, ait acquis en peu de temps une grande importance, dans la Confédération tout entière. L'affluence des étrangers n'était nulle part ailleurs aussi considérable. Cabillonum devint donc, pour employer un terme tout moderne, comme un centre d'informations rapides et sûres. Ce fut par l'intermédiaire des marchands romains établis dans cette ville que les Éduens entrèrent en relations avec les proconsuls des Gaules, puis avec le Sénat lui-même. Un traité d'alliance offensive et défensive fut conclu entre les deux peuples, l'an 123 avant J.-C. ; et la Saône commença, dès lors, à être la grande voie de communication entre la Gaule et l'Italie.

Malheureusement elle ne servit pas qu'à rendre plus nombreuses les transactions commerciales. Appelés, dès l'année 154, par les Grecs de Marseille contre les Gaulois du voisinage, les Romains se bornèrent d'abord à secourir leurs alliés ; mais, à la suite d'une seconde expédition, ils prirent possession du cours inférieur du Rhône, en fondant Aix (122), et créèrent pour leur propre compte diverses stations militaires, qui dans la suite furent érigées en province. Rien ne

pouvait plus les empêcher de remonter
peu à peu le Rhône et de pénétrer dans
la vallée de la Saône. Ils en connaissaient
depuis longtemps la richesse et les agréments ; cette conquête souriait trop à leur
ambition pour que le Sénat ne trouvât
pas un prétexte quelconque, qui lui permît
de s'immiscer dans les affaires des Éduens.
L'occasion, attendue ou peut-être provoquée, fut précisément une difficulté qui
s'éleva entre les Éduens et les Séquanais,
au sujet de la navigation de la Saône.
Anciens clients des Éduens, les Séquanais, désireux de rompre les derniers liens
de dépendance commerciale et politique
qui les unissaient encore à eux, prétendaient n'être astreints à aucun droit pour
le transport de leurs marchandises sur la
Saône. D'autre part, les Éduens avaient
à se plaindre d'une concurrence déloyale
que faisaient à leur commerce certains
éleveurs séquanais. La guerre éclate aussitôt ; le principal théâtre des hostilités
est en amont de Cabillonum, sur les deux
rives de la Saône. L'issue de la campagne
ne pouvait être douteuse ; la puissante
confédération serait rentrée facilement en

possession de toute son autorité sur ses clients rebelles, si ceux-ci n'avaient point sollicité l'appui des Arvernes, les rivaux jaloux des Éduens. A leur tour, les Éduens implorèrent le secours d'un peuple étranger, et envoyèrent une députation à Rome. Déplorable système d'alliances, qui devait attirer sur la Gaule les plus grandes calamités ! Les Séquanais, en effet, ne virent rien de mieux, pour contrebalancer l'intervention romaine, que l'entrée en campagne d'Arioviste, roi des Suèves. Ce barbare épiait une occasion favorable qui lui permît de franchir le Rhin. Il accueille donc avec empressement la prière des Séquanais, et couvre, de ses bandes innombrables tout le territoire des Éduens. C'était une invasion plutôt qu'une guerre. Cabillonum souffrit énormément des incursions dévastatrices que les hordes germaines poussèrent dans toute la vallée de la Saône. Aussi, les habitants de cette ville se montrèrent-ils tous chauds partisans de l'alliance romaine, et saluèrent, comme des libérateurs, les soldats de César, qui venaient de vaincre successivement deux peuples barbares : les Helvétiens et les Suèves. Les premiers avaient quitté leurs âpres montagnes, et se dirigeaient à travers le territoire éduen sur le pays des Santones, où ils comptaient s'établir; mais ils marchaient avec une telle lenteur que le proconsul romain, quoique pris au dépourvu, eut le temps de se créer une armée et de les atteindre au moment où leur arrière-garde allait franchir la Saône. La bataille s'engagea entre Matisco et Cabillonum; elle fut tout à l'avantage des Romains. Les Helvétiens, écrasés de nouveau sous les murs de Bibracte, durent reprendre la route de leur pays et renoncer à tout jamais à une nouvelle émigration.

César porte ensuite ses coups contre Arioviste, lequel, cependant, opposa une vigoureuse résistance à la marche des légions romaines; mais, que pouvait le courage seul, dépourvu des mille ressources que le génie du grand capitaine commença à déployer? Les Suèves furent taillés en pièces et obligés, à leur tour, de rentrer dans leurs épaisses forêts.

Délivrés de la double invasion barbare qui avait désolé leur territoire, les Éduens se persuadèrent qu'une nouvelle ère de prospérité allait se lever pour eux. Déjà ils se voyaient à la tête de toute la Gaule, commandant en maîtres aux diverses confédérations qui, morcelées à l'infini, étaient sans cesse en guerre les unes contre les autres. Leur illusion dura peu. Ce rôle dominateur que le vergobret de Bibracte, magistrat suprême des Éduens, se crut appelé à remplir, César se l'attribua à lui-même, au nom et pour le compte des Romains. Au lieu de repasser les monts avec ses troupes, le vainqueur d'Arioviste distribue ses légions sur divers points du territoire, demande et garde des otages, lève des impôts, agit en un mot comme si déjà la Gaule était un pays conquis. C'est alors que le sentiment national, blessé au vif, s'éveilla dans tous les cœurs; la révolte fut générale, et il fallut toute l'habilité et la persévérance infatiguable de César pour soumettre au joug de Rome des peuples qui s'étaient fiés de bonne foi aux traités d'alliance conclus précédemment.

Nous n'entrerons point dans le détail de cette longue guerre qui eut pour théâtre la Gaule tout entière ; arrivons de suite à son dénouement. Mais avant de raconter quel fut le rôle glorieux de Cabillonum dans cette lutte acharnée, nous croyons utile de dire quelques mots sur son organisation intérieure.

Les familles gauloises étaient, comme on le sait, groupées en clans ou tribus, et les clans en confédérations. Les chefs de familles élisaient entre eux les chefs de clans ou *tierns,* et les plus vaillants de ces chefs devenaient aussi par élection généralissimes des armées ou magistrats suprêmes des cités. Nous avons déjà vu qu'à la tête de la confédération éduenne était un magistrat nommé *vergobret* ; ses fonctions ne duraient qu'un an, et tant qu'il était en charge, il ne devait point quitter le territoire éduen ; il avait le droit de vie et de mort sur tous ses concitoyens, mais ne commandait point les armées. En temps de guerre, on choisissait, pour tenir la campagne, un *vercingétorix,* sous les ordres duquel se rangeaient parfois toutes les armées gauloises.

Les autres villes de la confédération obéissaient à des magistrats particuliers, revêtus d'une autorité assez peu définie. Leur nombre et leurs attributions variaient selon les besoins et les circonstances de temps et de lieu. A Cabillonum, le *tiern* eut plus à s'occuper de la police des marchés et de la navigation de la Saône que des fortifications et des postes avancés de la ville. Ses fonctions, purement civiles, n'empêchaient pas cependant qu'en son nom et sous ses auspices, la puissance du patronage n'existât ici comme ailleurs. Tout chevalier de renom groupait autour de lui des guerriers subalternes, volontairement attachés à sa personne, et des clients que la crainte et l'espoir d'une protection obligeaient à lui vouer obéissance. Ces clients s'engageaient par serment à ne quitter leur chef ni à la vie, ni à la mort. Ils furent la grande ressource des Gaulois dans la guerre qu'ils eurent à soutenir contre César.

En l'an 52 avant J.-C., au moment où le proconsul croyait avoir achevé l'œuvre de sa conquête, un jeune chef des Arvernes, élu vercingétorix, et secondé par les Druides et les nombreux défenseurs de l'indépendance nationale, avait soulevé tout le centre de la Gaule.

Les Éduens, qui jusque-là étaient restés
fidèles à leur alliance avec Rome, cèdent
à l'entraînement général. A la tête du
mouvement est le vergobret lui-même,
Convictolitans, et parmi ses plus ardents
partisans, on compte trois jeunes nobles
de Cabillonum, les frères Litavic. Ils
avaient été chargés de conduire à César
un corps de troupes auxiliaires, qu'il avait
exigées des Éduens. Mais, au lieu de
rejoindre l'armée romaine campée sous
les murs de Gergovie, ils se jettent dans
la place et contribuent pour une part
glorieuse à la victoire des Gaulois.

César, obligé d'abandonner précipitamment ses positions, pénètre dans la vallée
de la Saône où il espère se ravitailler
facilement. Vercingétorix le suit de près
et le force enfin d'accepter une bataille
rangée. Les cavaliers gaulois avaient juré
qu'ils ne reverraient jamais ni leurs
femmes, ni leurs enfants, s'ils ne traver-
saient au moins deux fois les lignes des
ennemis. De leur côté, les Romains n'ont
plus d'autre alternative que de vaincre ou
de mourir. Le choc des deux armées fut
épouvantable. César courut les plus grands

dangers et laissa même son épée aux mains de son terrible adversaire. Mais la cavalerie germaine, qu'il s'était procurée à prix d'or pour remplacer le corps de Litavic, décida de la journée en sa faveur.

César profita habilement de sa victoire; sans perdre de temps, il poursuivit les débris de l'armée gauloise, que Vercingétorix avait déjà ralliés et avec lesquels il était allé s'enfermer dans Alésia, place forte des Mandubiens, assise sur le plateau d'une colline escarpée et qui passait pour imprenable. En avant de ses murs, sur les flancs de la montagne, Vercingétorix traça un camp retranché pour son armée, laquelle comptait encore 80,000 fantassins et 10,000 cavaliers.

Pendant ce temps, une violente réaction éclate contre les Romains et leurs partisans dans toutes les villes éduennes. Convictolitans lui-même pousse ses concitoyens aux derniers excès et excite la colère du peuple, afin qu'une fois compromis il ne puisse revenir à la raison. Une des plus illustres victimes de ces fureurs populaires fut un tribun nommé Aristius, lieutenant de César à Cabillonum.

On le chassa honteusement de la ville, ainsi que tous les négociants romains que le commerce y avait appelés. Ce n'était point, sans doute, par de tels moyens que la Gaule pouvait défendre son indépendance ; mais les violences et les rapines que les soldats romains exerçaient de toutes parts, peuvent expliquer, sinon justifier, de pareils attentats.

César, entre les mains duquel la victoire a fait tomber les frères Litavic et les autres chefs éduens, se servit de cette circonstance pour intimider ses anciens alliés et prévenir d'autres défections. Plusieurs exécutions capitales jetèrent la consternation dans le pays tout entier. Quand l'inflexible proconsul vit ses adversaires terrorisés, il s'avança contre Alésia, qu'il investit sur tous les points à la fois; malgré des prodiges de valeur, Vercingétorix ne put forcer les lignes ennemies et fut contraint par la famine de livrer la place.

A Cabillonum, on n'avait pas attendu la fatale issue de ce siège pour implorer le pardon de César. Celui-ci, plus par politique que par générosité, rendit ses bonnes grâces à ses anciens alliés et reçut à Bibracte même la soumission des Éduens, presque aussitôt suivie de celle des Arvernes. Il voulait se servir de ces deux peuples, les plus puissants et les plus influents de la Celtique dans l'œuvre de la pacification générale. Voilà pourquoi il leur remit leurs prisonniers, tandis que les autres furent indignement partagés, comme un vil troupeau, entre ses légionnaires. La navigation de la Saône fut déclarée libre, et un officier supérieur, chargé du commandement de la flotte, fixa sa résidence à Cabillonum. En même temps, César y établit des magasins de vivres pour les troupes, qu'il maintint longtemps encore dans le pays, afin d'étouffer tout germe de révolte. Le plus illustre et probablement le premier des intendants, placés à la tête de cette administration, fut le propre frère de Cicéron, Quintus Tullius, lequel avait pris une part glorieuse à la conquête.

Maîtres de la Gaule, les Romains ne détruisirent pas tout ce qui avait été établi dans ce pays avant eux; ils se l'approprièrent, en profitèrent même, à la condition toutefois d'effacer les souvenirs de

l'indépendance nationale par les splendeurs
d'une civilisation nouvelle. La politique
du Sénat s'efforça d'ôter à la race gauloise
sa vie propre, en la greffant sur le vieux
tronc romain. On craignit jusqu'aux noms
et à leur prestige sur l'esprit des peuples.
Bibracte perdit le sien ou mieux fut rem-
placée par la jeune cité romaine d'Augustodunum. Cabillonum elle-même, quoique
plus soumise que l'antique capitale des
Éduens, reçut, au moins pendant quelque
temps, une dénomination nouvelle. Des
arcs de triomphe, des temples, des cir-
ques furent élevés dans son enceinte;
mais ce que l'on admira le plus, ce fut le
luxe que l'on déploya pour la reconstruction de ses murailles. Trois rangs de
briques dorées, d'autres disent trois
chaînes d'or, ornèrent tout le pourtour
des murs d'enceinte, ce qui fit nommer
la ville *Orbandale*, du mot latin *orbis*,
cercle, et tel est encore le sens héraldique
des trois cercles d'or en champ d'azur,
qu'elle porte dans ses armoiries.

Auguste, après avoir affermi son autorité dans Rome, visita la Gaule transalpine,
où il établit une nouvelle division territo-

riale. La même politique, qui avait fait substituer aux vieux noms des villes gauloises d'autres dénominations, le poussa à réduire à soixante les quelques centaines de peuplades gauloises, et à les grouper dans un pareil nombre de cités *(civitates)*, ayant chacune sous sa dépendance plusieurs *pagi* ou cantons. Il y eut quatre grandes provinces ; l'administration fut centralisée dans une ville capitale ; mais une répartition inégale de privilèges laissa subsister entre les différents peuples de la Gaule ces ferments de rivalité, que Rome aimait à fomenter, comme un sûr moyen d'oppression et de gouvernement.

Tout le pays, qui s'étend de la Seine à la Loire, ressortit à une jeune et brillante cité, construite au confluent de la Saône et du Rhône, Lyon, d'où le nom de Lyonnaise donné à la province, dans les limites de laquelle furent comprises Augustodunum, Cabillonum et Matisco, qui cependant gardèrent leurs lois et leurs magistrats particuliers. Aux routes déjà ouvertes précédemment on en ajouta de nouvelles, lesquelles aboutirent toutes à Lyon, et de Lyon partirent, comme d'un

centre, ces belles voies romaines destinées
à mettre les frontières de l'Empire en
communications incessantes avec la capitale. La plus importante de ces grandes
chaussées suivait le cours de la Saône et
passait par Cabillonum , où elle se parta-
geait en deux embranchements , l'un se
dirigeant sur Autun et l'autre sur Besançon. Ce fut le chemin, de plus en plus fré-
quenté, du commerce et de la civilisation.

Outre la prospérité matérielle qu'elles
répandirent, ces routes firent pénétrer
partout les idées romaines. Les villes
devinrent des centres puissants d'attrac-
tion et la prépondérance passa des campagnes aux cités. Cabillonum vit son
importance croître de jour en jour , ses
anciens magistrats se transformèrent en
curiales ou en sénateurs, et ses habitants
prirent les mœurs et les coutumes romaines. Le vieil idiome celtique disparut;
les hautes classes surtout s'empressèrent
d'adopter la langue latine , et non seulement elles remplacèrent leurs titres patro-
nymiques de chefs de clans par des
noms et des prénoms latins , mais elles
envoyèrent encore leurs enfants aux nou-

velles écoles , surtout à celles d'Augustodunum , qui devinrent bientôt illustres.
Devant cette transformation si profonde ,
nous croyons devoir nous-même désigner
désormais l'antique cité par son nom
moderne et renvoyer pour les faits généraux à l'histoire de l'empire avec laquelle
son histoire locale se confond.

Il ne nous reste plus qu'à rapporter le
témoignage des auteurs qui ont parlé de
Chalon à cette époque reculée. Le prince
des astronomes grecs , Ptolémée, en fait
une mention expresse dans sa description
de la terre. Strabon, célèbre géographe ,
qui écrivit en grec , sous Auguste, donne
à notre ville le nom de *Caballinon*, dérivé
de Cabillonum, et la range au nombre des
cités les plus illustres des Gaules. L'itinéraire de l'empereur Antonin place à Chalon
le quartier de la XIVe légion. Un autre
annaliste de ce temps fait de notre cité
« l'une des plus fortes et des plus considérables villes de la Gaule ». Tous
s'accordent à vanter la richesse de son
territoire; on dirait, en particulier, qu'ils
n'ont pas d'expressions assez poétiques
pour peindre les agréments de la Saône

(en latin *Arar*). Étonnés de la beauté et du calme de ses rives, ils sont allés jusqu'à dire qu'elle semble les quitter à regret, tant elle coule avec lenteur. Les modernes ne tiennent point un langage différent. César, dans ses *Commentaires*, avait déjà appris à ses contemporains qu'il est presque impossible de savoir quelle est la direction de son cours : « *In utramque partem fluat judicari non possit.* »

CHAPITRE II

PRÉDICATION DE L'ÉVANGILE

Religion primitive des Gaules. — Les Druides. — Le polythéisme romain. — Première prédication de l'Évangile dans les Gaules. — Seconde mission chrétienne. — Apostolat et martyre de S. Marcel. — Première communauté chrétienne à Chalon. — Conversions nombreuses. — Nouveaux massacres. — Invasion de Chocrus. — Persécution de Dèce. — S. Gervais. — Exécutions ordonnées par Aurélien. — Règne de Probus. — Persécution de Dioclétien, martyre de S. Côme et de S. Vincent. — Vision de Constantin, près de Chalon. — Sa conversion au christianisme.

En parlant plus haut des mœurs des Gaulois, nous avons omis à dessein de dire quelles étaient leurs pratiques religieuses, afin de pouvoir en donner un exposé plus complet, lorsque nous aurions à raconter la merveilleuse propagation de l'Évangile dans notre antique cité. De même, en effet, que les ombres font mieux ressortir l'éclat de la lumière sur une perspective, de même aussi le tableau des lamentables erreurs, au sein desquelles nos pères étaient plongés, nous aidera à

mieux apprécier le bienfait de notre voca-
tion à la vraie foi.

On sait que la religion des Gaulois était
un mélange grossier de superstitions trop
souvent cruelles et de dogmes élevés,
précieux débris de la révélation primitive,
qui illumina le berceau du genre humain,
et que l'on retrouve toujours, plus ou
moins défigurée, dans la cosmogonie de
tous les peuples. Ainsi, le polythéisme en
Gaule ne paraît avoir été qu'à la surface ;
il était certainement de date récente. On
en a une preuve authentique dans la
découverte, sur le territoire de Chalon et
ailleurs, de nombreux monuments qui
représentent soit une triple tête, soit trois
divinités associées ensemble, et qui attestent la croyance à une unité suprême et
l'adoration d'un Dieu unique : *Teutatès*,
qui avait un temple magnifique à Chalon,
et dont *Tarann, Hésus* et *Bélen* n'étaient
que les satellites formant une sorte de
trinité. Les Druides, ministres de la religion, croyaient également à l'immortalité
de l'âme ; le monde futur n'étaient point
pour eux, comme pour les Grecs et les
Romains, le séjour des ombres. C'était

un monde vivant et actif, où l'existence individuelle se perpétuait si bien « que l'argent prêté dans cette vie, disaient-ils, pouvait être remboursable dans l'autre », et qu'on voyait les Gaulois confier aux morts des lettres adressées aux habitants du pays des âmes. Ils enterraient rarement un guerrier sans lui remettre ses armes, ses insignes et d'autres objets destinés à lui rendre la seconde vie plus agréable.

Les Druides n'admettaient pour la divinité d'autre temple que la profondeur des forêts, et ils déployaient tout leur zèle à la recherche du gui de chêne. Dès qu'on avait trouvé le précieux végétal, objet de la vénération universelle et remède infaillible pour tous les maux, le chef des prêtres, revêtu d'une robe blanche, le cueillait avec une serpe d'or et le conservait avec soin, en le préservant de toute souillure profane. S'il fallait connaître l'avenir ou apaiser le courroux des dieux, les Druides immolaient des victimes humaines, tantôt en les brûlant dans une statue d'osier remplie intérieurement d'hommes et de bestiaux, tantôt en les égorgeant sur des autels de pierre brute : dolmens, cromlechs, menhirs.

Après la conquête romaine, le druidisme perdit considérablement de son empire ; restreint à la masse populaire , laquelle , du reste , n'avait jamais connu de ses dogmes que la déification des forces de la nature , il fut abandonné des classes élevées, empressées d'adopter le culte des empereurs. Nous devons ajouter que c'est dans son sein que se réfugia la nationalité gauloise expirante. Sous Tibère, un éduen , Sacrovir , invoquant les antiques croyances , souleva ses compatriotes et excita un mouvement, qui fut aussitôt réprimé. Tibère et ses successeurs profitèrent de cette circonstance pour anéantir la secte entière des Druides , et leurs familles acceptèrent les fonctions grassement rétribuées du polythéisme romain. Il ne fut pas difficile d'introduire dans l'Olympe aussi bien que dans le Panthéon toutes les divinités gauloises. Hésus devint Jupiter, Teutatès Mercure , Belen Apollon , Ogmius Hercule, Arduina Diane et ainsi des autres.

Les statues, les figurines, les bas-reliefs découverts en si grand nombre dans les fouilles de Chalon nous apprennent quel charme avait pour ses habitants et ceux de la contrée le culte de Mars, de Mercure et même de Vénus, l'impudique déesse ! Bacchus et les Satyres avaient également des adorateurs, qui n'étaient ni les moins nombreux ni les moins zélés. Le principal temple de la cité avait été celui de Teutatès ; on comprend que les commerçants, si puissants à Chalon, l'aient ensuite dédié à Mercure, le dieu du négoce.

Mais bientôt les honteux excès du paganisme disparaissent devant l'éclat serein de la vérité évangélique. Les temps sont accomplis : le Messie, attendu depuis quatre mille ans, a fait son avénement dans le monde ; déjà, même, l'œuvre de la rédemption du genre humain a reçu, sur le Calvaire, son achèvement suprême ; voici la bonne nouvelle qui approche ; d'abord elle se dit tout bas à l'oreille, et peu de personnes l'entendent : elle marche à pas lents dans les Gaules, mais elle arrive et ne rétrogradera point.

Les apôtres, à peine sortis du Cénacle, se partagent le monde, l'envahissent, se croisent sur toutes les routes, sillonnent toutes les mers, annoncent aux peuples étonnés la divinité et la doctrine régénératrice de leur maître. Il y avait trop de rapports entre la Gaule et les Juifs pour qu'elle ne devînt pas aussitôt, de la part des disciples, l'objet d'une attention spéciale. La garde des rois de Jérusalem se composait de Gaulois et d'illustres proscrits de la Judée ; Hérode, Antipas, Ponce-Pilate avaient sans doute entraîné à leur suite plus d'un témoin, plus d'un acteur peut-être du grand-drame de la Passion Leurs récits furent comme une préparation indirecte à la prédication de nos premiers apôtres. On sait aussi que le vaisseau sur lequel les Juifs avaient abandonné Lazare et ses sœurs à la merci des flots aborda en Provence, lui apportant de nouveaux messagers de la bonne nouvelle.

La foi, que Lazare prêcha à Marseille, se répandit de proche en proche et gagna, par la vallée du Rhône et de la Saône, le territoire éduen ; ses progrès furent lents, car on ne voit pas, au premier siècle de l'ère chrétienne, d'église hiérarchiquement constituée, ni à Chalon, ni à Autun.

Vraisemblablement le christianisme était professé par un certain nombre de familles, que visitaient sans doute de temps en temps de zélés missionnaires ; mais , dès le second siècle, une troupe ardente d'ouvriers évangéliques vint se fixer à Lyon et de là parcourut toute l'ancienne Celtique. Elle avait à sa tête le vénérable S. Pothin , disciple de S. Polycarpe, évêque de Smyrne , et se composait de S. Irénée , qui devait succéder à S. Pothin sur le siège de Lyon , de S. Bénigne , de S. Andoche , de S. Thyrse , nos premiers apôtres bourguignons, auxquels se joignirent deux généreux frères, Marcel et Valérien.

Le glaive impie des Césars , qui sur tous les points de l'Empire a déjà fait couler des flots de sang chrétien, Marc-Aurèle s'apprête à s'en servir contre les intrépides missionnaires et leurs disciples. Cette persécution , décrétée par un empereur philosophe , à l'instigation de ses bas adulateurs du Portique, fut marquée d'un caractère spécial de déraison et presque de folie furieuse.

A Lyon, le préfet organisa lui-même

les massacres et en présida l'exécution
(177). Il fit enfermer dans un affreux
cachot cinquante des principaux chrétiens,
afin de réjouir le peuple à l'époque des
fêtes d'Auguste, par le spectacle de leurs
souffrances. S. Pothin et ses compagnons
parurent, en effet, dans l'arène et endurè-
rent, sous les yeux d'une foule innombrable, ivre de sang, les tourments les
plus horribles. Le récit de leur glorieux
martyre se répandit de tous côtés en
Gaule, avec les témoins de leur héroïsme.

Cependant, S. Marcel et S. Valérien
voient leurs chaînes tomber de leurs
mains et les portes de la prison s'ouvrir
devant eux ; mais ils n'échappent à la mort
que pour s'exposer à de nouveaux dangers. S. Valérien prend la voie romaine,
qui longeait la rive droite de la Saône, et
s'arrête à Tournus, importante station
militaire, où il annonce avec succès la
bonne nouvelle de l'Évangile. Non moins
ardent que son frère, S. Marcel se jette
dans les forêts de la rive gauche, traverse
tout le pays des Séquanais, qui forme
aujourd'hui la Bresse chalonnaise, et
arrive près des portes de notre antique

cité, qu'il aperçoit non sans douleur couronnées d'une statue du Soleil. L'intérieur de la ville lui présente un spectacle aussi affligeant ; de tous côtés des temples, d'impures idôles attestent que Satan y règne en maître. Marcel entreprend, sans plus tarder, de ruiner son empire et d'arracher les âmes à son esclavage.

La divine Providence lui ménage un accueil bienveillant chez un riche citoyen, nommé Lationus ou Latinus. A l'entrée de la splendide demeure s'étend une cour intérieure, ornée de la statue équestre de Mars ; et, de chaque côté, deux autres idoles représentant Mercure et Minerve, divinités favorites de Latinus. Touché de son aveuglement, l'apôtre de J.-C. fait une vive peinture des folies du paganisme, de ses extravagances et de ses honteuses initiations ; puis il établit avec force et bonté la sublime doctrine de l'Évangile, la pureté de sa morale, l'admirable ensemble de son dogme. Ce piquant début est pour Latinus un trait de lumière : il s'étonne d'avoir été jusque là la victime d'erreurs si grossières et prie son hôte de continuer à l'instruire complètement sur ce qu'il lui importe le plus de savoir.

Là grâce du saint baptême fit de ce généreux citoyen un athlète intrépide de Jésus-Christ, jaloux de communiquer à d'autres le bonheur inénarrable dont son cœur est rempli. Sa maison devint ainsi le siège de la première communauté chrétienne à Chalon, car S. Marcel eut bientôt réuni sous sa houlette pastorale un nombreux troupeau. De même qu'à Jérusalem, les nouveaux fidèles n'ont qu'un cœur et qu'une âme, ne s'entretiennent que de la bienheureuse espérance d'une vie meilleure, ne possèdent des richesses que pour les répandre dans le sein des pauvres, ne forment des vœux que pour le martyre.

Marcel, que des dispositions si parfaites comblent de joie, aurait voulu rester plus longtemps au milieu de ses chers néophytes ; mais les événements de Lyon et son évasion elle-même faisaient grand bruit. L'édit de Marc Aurèle avait été publié dans toutes les villes de la province, et les chrétiens étaient recherchés avec une recrudescence d'acharnement et de fureur. Il crut prudent de quitter Chalon, afin de ne pas exposer cette église naissante à la rage des persécuteurs. Mais à peine a-t-il traversé la Saône qu'il tombe entre les mains de ses ennemis. Le chemin qu'il suit passait devant un *hospitium*, où le préfet de la navigation, Priscus, préparait un sacrifice solennel et un festin en l'honneur de ses dieux. Marcel est invité à y prendre part; son refus énergique donne l'éveil aux mariniers surpris : — Un chrétien! un chrétien! s'écrie-t-on de toutes parts; on l'entoure, on le presse de questions, on l'accable de mauvais traitements; à la fin, Priscus le fait attacher par un jeu cruel et nouveau, sans doute pour égayer la fête, à deux branches d'arbre violemment recourbées, afin qu'en se redressant elles lui disjoignent les membres, et que la douleur triomphe de son obstination. C'est en vain; le généreux apôtre reste inébranlable.

Alors, Priscus, irrité et jugeant qu'il valait mieux, pour l'exemple, donner son supplice en spectacle au peuple, le fit conduire devant une statue colossale de Saturne, qui s'élevait sur la rive droite de la Saône et semblait présider à ses eaux tranquilles.

De nouveau, Marcel est sommé d'obéir aux édits de l'empereur et d'offrir de l'encens aux dieux; son héroïque fermeté à confesser Jésus-Christ redouble la fureur du préfet, qui ordonne de l'étendre sur un chevalet et de le déchirer à coups de verges. Quand il crut l'honneur de Saturne suffisamment vengé, Priscus fait transporter le saint de l'autre côté de la Saône, devant la statue du Soleil qui protégeait la rive gauche. Un supplice semblable au premier répare de même l'outrage que cette autre idole avait également reçu; puis le sanglant cortège se dirige à environ deux milles de la cité, à *Ubiliacus*, où se trouvait un temple dédié au dieu *Bacon*. C'était ou Bacchus sous un nom celtique, ou quelque divinité particulière aux habitants du pays. Les bourreaux ajoutèrent aux tortures précédentes une plus cuisante encore, celle du feu.

Mais rien ne peut ébranler la constance du saint martyr; on creuse une fosse en sa présence et on le menace de l'y enterrer vivant, s'il ne sacrifie à l'instant. Priscus est vaincu une troisième fois ; sa colère n'a plus de bornes ; sur son ordre on jette Marcel dans la fosse et on le couvre de terre jusqu'à la ceinture, afin que la longueur du supplice épuise ses forces et son courage. L'intrépide apôtre resta trois jours entiers dans cet état, exposé aux ardeurs du soleil, au tourment de la faim et de la soif, aux insultes des idolâtres. Enfin, après une lente et pénible agonie, Marcel alla recevoir au Ciel la palme du triomphe (4 septembre 178). Il avait scellé de son sang la foi qu'il annonçait aux Chalonnais. Son tombeau devint aussitôt glorieux. Nous verrons plus tard un grand prince fonder, sur les lieux qui avaient été illustrés par la mort du saint apôtre, une abbaye et une superbe basilique, où retentirent nuit et jour, pendant des siècles, les louanges de Marcel mêlées aux louanges de Dieu. L'ancien *Ubiliacus* prit à partir de cette époque le nom de Saint-Marcel.

La persécution, qui venait de ravir au petit troupeau son pasteur bien aimé, étendit-elle ses ravages parmi les disciples du martyr ; atteignit-elle Latinus et ses frères? tout le fait supposer, car la communauté chrétienne de Chalon fut sinon dispersée entièrement, au moins privée pendant quelque temps de ses chefs hiérarchiques. Un certain nombre de fidèles furent appelés à confirmer la sincérité de leur foi, par la perte de leurs biens ou par le dernier supplice.

Mais le sang des martyrs n'est-il pas une semence de chrétiens? Les cruautés de Priscus, le digne ministre à Chalon de Marc-Aurèle, loin d'arrêter les progrès de l'Évangile, ne servirent qu'à manifester aux yeux de tous le courage, la douceur et l'innocence parfaite des prétendus ennemis de l'empire. Le contraste entre leur patience et la brutalité des juges fit tomber plus d'un préjugé; les réponses si fermes et si nettes des chrétiens traduits devant les tribunaux portèrent à la connaissance de la foule les augustes mystères de la Religion. Insensiblement on apprit à goûter les préceptes sublimes de la morale chrétienne, à sentir le prix de la chasteté, de la tempérance et de la charité fraternelle. Les esprits sincères se dirent à eux-mêmes que l'Évangile, principe et source de vertus si héroïques, ne pouvait être que l'œuvre de Dieu.

Aussi Marc-Aurèle, malgré les faveurs dont il avait comblé Chalon et les privilèges accordés à son port, fut-il impuissant à empêcher plusieurs familles des plus honorables de la ville d'abjurer le culte des idoles. Le paganisme n'eut plus d'autres sectateurs que des hommes gagés ou intéressés à justifier leur conduite par les exemples des dieux de l'Olympe. Mais leur haine contre les disciples du Christ n'en devint que plus acharnée. Voilà pourquoi ils se montrèrent presque tous ardents promoteurs des massacres qui désolèrent Lyon et les autres villes de la province, sous Septime-Sévère.

Le sang des martyrs coula par ruisseau sur les places publiques. Un chroniqueur ajoute que les eaux de la Saône en furent tellement chargées qu'on aurait dit un fleuve de sang. Selon lui, ce serait à partir de ce fatal événement que notre belle rivière aurait changé son vieux nom d'Arar avec celui de *Saugona*, qui veut dire l'ensanglantée, et d'où est dérivée la dénomination moderne de *Saône*. Le nombre des victimes s'éleva dans la seule ville de Lyon à plus de dix-neuf mille hommes, sans compter les femmes et les enfants. Tant de sang criait vengeance : le châtiment ne se fit pas attendre !

En proie aux premières invasions barbares et aux dissensions intestines, l'empire fut menacé d'une ruine complète. La peste, la famine, la guerre semblaient avoir fait un pacte pour moissonner les populations. Un roi allemand, Chrocus, à la tête d'une formidable armée, envahit la Gaule, en 164 ; ses soldats saccagèrent et dévastèrent tout sur leur passage. Chalon partagea le sort des autres cités et fut presque entièrement détruit; ses palais et ses maisons incendiés ne présentèrent plus qu'un monceau de ruines; les idolâtres obstinés purent reconnaître aisément une punition du ciel dans le malheur qui venait de les accabler. Mais ils n'ouvrirent pas encore les yeux à la pure lumière de l'Évangile ; et les édits de Maximin de Thrace, spécialement dirigés contre les pasteurs de l'église, empêchèrent ou mieux retardèrent la constitution de la hiérarchie ecclésiastique parmi les fidèles de Chalon, dont le nombre croissait peu à peu, malgré les persécutions et les calomnies indignes dirigées contre eux.

On les accusait, en effet, d'attirer par leur impiété la colère des dieux et les calamités qui désolaient l'empire ; et tel fut le prétexte mensonger que Dèce mit en avant pour menacer les chrétiens des plus cruels supplices, s'ils ne sacrifiaient aux idoles. Les fouets, le feu, les bêtes féroces, la poix bouillante, les grils et les tenailles rougies, tout fut mis en usage et le nombre de ceux qui souffrirent alors pour la foi est si grand qu'il ne serait pas possible de les compter.

Une fois de plus, la religion sortit triomphante de cette terrible épreuve, et c'est peut-être dans la période de calme qui suivit la mort de Dèce (251), qu'il faut placer la fondation de l'église de Chalon. S. Amateur occupait alors le siège épiscopal d'Autun et édifiait par ses vertus le troupeau confié à ses soins. Mais, comme le catalogue des évêques de Chalon ne s'ouvre qu'au siècle suivant, il est probable que sa juridiction s'étendait sur tout le territoire éduen.

Vers la même époque, le diacre S. Gervais, originaire du Mans, rentrait de Rome dans sa patrie. Tandis qu'il traversait une forêt nommée *Corinna*, située près de la Saône, à quelque distance de Chalon, il fut attaqué par une troupe de paysans idolâtres qui se précipitèrent, sur lui et le mirent à mort. L'un deux, touché de la grâce, se jette aux pieds du martyr et demande pardon à Dieu par son intercession pour un si odieux attentat. Les miracles qui éclatèrent bientôt au tombeau de S. Gervais aidèrent les prédicateurs de l'Évangile à extirper de la banlieue de Chalon où elle s'était cantonnée les derniers restes de l'idolâtrie.

Nous avons, en effet, de bonnes raisons de croire que les missionnaires envoyés en Gaule par le pape S. Félix (vers 274) s'arrêtèrent à Chalon, avant de se rendre à Autun. Ils arrivaient, sous la conduite de S. Révérien, juste au moment où l'empereur Aurélien s'apprêtait à frapper du même coup en Gaule l'usurpateur Tétricus et l'Église de Jésus-Christ. Le temps que le vainqueur de Zénobie passa dans la Celtique ne fut employé qu'à des massacres de chétiens; partout, à son approche les populations prenaient la fuite et s'enfonçaient dans les profondeurs des forêts. On connaît les sauvages exécutions auxquelles il présida en personne à Autun, où mourut S. Révérien, à Auxerre, à Troyes et à Sens. L'histoire ne nous a pas conservé le nom des saints confesseurs de la foi qui souffrirent à Chalon. Aurélien eut la fin de tous les persécuteurs et périt misérablement sous les coups d'un traître.

La pourpre impériale passa ensuite, tour à tour, sur les épaules de Tacite, de Probus, de Carus et de Numérien, qu'un caprice des prétoriens faisait monter du trône sur l'échafaud. Probus, qui favorisait secrètement les chrétiens, signala son règne par un bienfait d'un ordre tout différent, que nous devons mentionner ici, car il lui valut la reconnaissance des Chalonnais : il fit couvrir de vignes les flancs de nos montagnes, réparant de la sorte la stupide proscription que Domitien avait étendue à tous les vignobles de l'Europe, autres que l'Italie.

Cependant le christianisme continuait sa marche triomphale, en dépit des obstacles

de toutes sortes que ses ennemis lui op-
posaient. Avant de s'avouer vaincu, l'enfer
voulut tenter un suprême effort. Vers la
fin de l'année 302, un nouvel édit de
proscription, — c'était le dixième, — fut
lancé contre les chrétiens. Dioclétien et
son César Galérius reprirent le dessein de
Néron et se concertèrent avec tant d'habileté et de mystère qu'ils se flattaient déjà
d'avoir réussi enfin, par un coup terrible
et décisif, à exterminer pour jamais le
nom chrétien. Les Gaules seules, où
commandait Constance Chlore, furent épar-
gnées. Mais Maximien Hercule y avait
quelque temps auparavant fait couler des
flots de sang innocent, préludant ainsi à
l'*ère des martyrs* (303-313) ; c'est le nom,
qui a été donné à la persécution de
Dioclétien, parce qu'elle fut la plus violente
et la plus longue de toutes : les prisons
regorgeaient de victimes, les chemins
étaient couverts d'hommes mutilés, que
l'on envoyait mourir au fond des mines
ou dans les chantiers publics. Chaque
province eut son supplice particulier : le
feu lent en Mésopotamie, la roue dans le
Pont, la hache en Arabie, le plomb fondu

en Cappadoce. Souvent, au milieu des tourments, on apaise la soif du confesseur et on lui jette de l'eau au visage, dans la crainte que l'ardeur de la fièvre ne hâte sa mort. Quelquefois, fatigués d'exécuter séparément les fidèles, les païens les précipitaient en foule dans les bûchers ou au sein des flots.

Parmi les innombrables martyrs qui, pour le nom de N. S., affrontèrent courageusement alors les fouets, les ongles de fer, les chevalets, la croix, les bêtes féroces, nous devons citer deux noms également chers à la piété des Chalonnais, S. Côme et S. Vincent. Le premier, médecin fameux, habitait avec S. Damien, son père, la ville d'Egée, en Lycie. Lysias, gouverneur de l'Asie-Mineure, lui fit endurer la mort la plus cruelle, après avoir vainement essayé de le séduire par ses promesses. S. Vincent était diacre de Sarragosse; sa réputation de sainteté et d'éloquence le désignait à l'avance à la haine du proconsul Dacien. Son supplice revêtit un caractère particulier de barbarie. Vincent fut à deux reprises appliqué à la torture; quand les bourreaux le retirèrent du chevalet, tout son corps n'était plus qu'une plaie et laissait apercevoir ses entrailles. Dacien le fit alors exposer, sur un lit de fer, à un brasier ardent. Les parties du corps, qui n'étaient pas tournées au feu, furent brûlées avec des lames de fer rougies; puis on jeta sur les plaies saignantes du sel fin, dont le mordant pénétrait profondément dans les chairs. Tant de souffrances ne purent ébranler la constance du héros chrétien, et l'on comprend que sa mort ait été justement regardée comme une preuve éclatante de la divinité de notre sainte religion. Voilà pourquoi nos pères ont choisi le glorieux diacre de Saragosse, lorsqu'ils furent en possession d'une partie de ses reliques, pour patron de l'église cathédrale et du diocèse de Chalon.

Mais détournons nos regards de ces scènes d'horreur pour les reporter sur un spectacle plus consolant; nous voulons parler de la conversion de Constantin à la foi chrétienne et de la paix donnée à l'Église. Les évêques de la province, et en particulier S. Rhétice, d'Autun, eurent une part considérable au grand événement qui devait changer la face du monde. Tous les historiens bourguignons assurent que Constantin était sur le territoire de Chalon, soit à Lux, soit à Ste-Croix, ou encore à Labarre, lorsqu'il eut la vision miraculeuse, qui détermina sa résolution, déjà ancienne, d'embrasser le christianisme.

En effet, tandis qu'il s'avançait contre le tyran Maxence, à la tête d'un corps de troupes, entre Autun et St-Jean-de-Losne, une croix éclatante de lumière se dessina au milieu du ciel, dans la direction du soleil, avec ces mots latins : *In hoc signo vinces*. Toute l'armée fut témoin de ce prodige; le lendemain, elle reçut le nouvel étendard qui devait la conduire à la victoire.

Dès qu'il fut maître de Rome, Constantin promulga un édit en faveur des chrétiens, auxquels il accordait la liberté de bâtir des églises nouvelles et faisait restituer celles qui leur avaient été enlevées. Il ne persécuta pas les païens, mais il donna toutes ses faveurs aux fidèles et reporta aux ministres de l'Église les privilèges, dont jouissaient les prêtres des faux dieux. Les clercs furent exempts de tous les impôts, services et charges publiques. Les évêques devenaient des hommes considérables, investis de la confiance de l'empereur et de ses préfets.

C'est ainsi que se terminait définitivement le combat de trois siècles entre la vérité évangélique et le polythéisme romain. Pendant trois siècles Rome idolâtre persécute l'Église par ses empereurs et leurs proconsuls; pendant trois siècles l'Eglise souffre et meurt dans ses martyrs. A la fin, Rome voit périr en même temps les dieux et les persécuteurs, tandis que l'Église, à peine sortie des catacombes, voit un jeune héros arborer sur les enseignes des armées impériales la croix, qui sera jusqu'à la consommation des siècles le glorieux étendard de l'humanité régénérée.

CHAPITRE III

LES INVASIONS BARBARES

Organisation municipale de Chalon au IVᵉ siècle. — Condition des personnes : les nobles, les curiales, le peuple et les esclaves. — Édit de Constantin, daté de Chalon. — Ébranlement des peuples germaniques. — La grande invasion. — Origine des Bourguignons. Leur prise de possession des rives de la Saône. — Sort de Chalon. — Mœurs et coutumes des nouveaux arrivants. — Conversion des Bourguignons à la foi chrétienne ; ils se donnent un roi. — Chalon obéit à un comte. — Transformations sociales. — Rôle bienfaisant des évêques. — Les Monastères. — S. Césaire d'Arles, né à Chalon.

Constantin, en s'associant au triomphe de l'Église, n'eut pas seulement la gloire de rendre la paix à l'empire ; il lui communiqua une nouvelle vigueur par la généreuse impulsion qu'il donna à toutes les œuvres nées sous le souffle du christianisme. La réorganisation qui fut apportée sous son règne dans le gouvernement des provinces n'est pas moins admirable.

Comprise, à titre de diocèse, comme l'Espagne et la Grande-Bretagne, dans la

préfecture à laquelle elle donna son nom
et sa capitale (Trèves), la Gaule fut divisée en dix-sept provinces. La Lyonnaise
première, la seule qui nous intéresse ici,
avait Lyon pour métropole et comprenait
les cités d'Autun, de Langres, de Chalon,
de Mâcon. Depuis que le titre de citoyen
romain, jadis si envié, avait été accordé
à tous les habitants libres de l'empire,
toutes les villes s'étaient transformées en
municipes. Ainsi à Chalon, comme dans
les autres cités de l'empire, la gestion des
affaires appartint à un corps municipal
appelé *Curie* et composé des propriétaires
possédant au moins vingt-cinq arpents de
terre. Ceux-ci, à leur tour, choisissaient les
décemvirs, chargés du pouvoir exécutif et
des intérêts financiers; tous les cinq ans
ces magistrats faisaient le recensement,
évaluaient les fortunes, répartissaient les
impôts. Venaient ensuite les *édiles,* les
questeurs, officiers d'administration locale, nommés annuellement par la curie.

Mais bientôt on distingua parmi les curiales une classe supérieure plus honorée,
plus influente. Elle comprit les plus riches
citoyens et tous ceux qui avaient exercé

les plus hautes fonctions de la municipalité. La première magistrature fut alors
celle du *défenseur de la cité*; souvent les
évêques de nos villes furent appelés à la
remplir. A ce titre, ils avaient les pouvoirs des décemvirs et étaient de plus
chargés de protéger les intérêts du peuple contre les abus dont se rendaient
coupables les fonctionnaires impériaux ,
surtout les agents du fisc. Ils pouvaient
correspondre directement avec les ministres et même avec le prince.

Ce rapide exposé de l'administration
municipale à Chalon, au IVe siècle , serait
trop incomplet si nous ne disions pas un
mot de la condition des personnes , au
moment où les invasions barbares vont
profondément modifier les différentes
classes de la société gallo-romaine. Le
christianisme, en prenant la défense du
faible contre le fort , du pauvre contre le
riche avait déjà amené une grande amé-
lioration dans les mœurs ; mais à Chalon,
comme ailleurs, des inégalités politiques
et sociales établissaient encore parmi les
habitants des catégories complètement dis-
tinctes. — Il y en avait quatre principales :

les nobles, les curiales, le menu peuple et les esclaves. Pour remplacer le patriciat romain, disparu depuis longtemps, Constantin avait institué une noblesse administrative comprenant les chevaliers et les sénateurs. Quoique de sang gaulois, les nobles étaient censés appartenir à l'aristocratie de Rome; mais ils ne se distinguaient des autres citoyens que par la possession de certains privilèges, dont le plus important à leurs yeux était l'exemption des fonctions municipales.

C'est que l'honneur d'administrer les affaires de la cité entraînait inévitablement la ruine de ceux qui en étaient chargés. Obligés de pourvoir de leurs deniers aux dépenses de la ville, en cas d'insuffisance des revenus; chargés, en outre, sous la responsabilité de leurs propres biens, de la rentrée des impôts, les curiales devaient payer pour les contribuables ruinés ou insolvables. Ils ne pouvaient ni s'absenter sans la permission du gouverneur de la province, qui résidait à Lyon, ni vendre leurs propriétés, ni entrer dans le sacerdoce ou l'armée. Ces maux, qui accablent les curiales, iront sans cesse croissant avec les malheurs et les désordres de l'empire ; et la décadence fatale des classes moyennes fut une des causes les plus grandes de sa faiblesse à l'époque des invasions barbares.

Le menu peuple, beaucoup mieux partagé, se composait des petits propriétaires et des artisans libres, constitués en corporations, qui avaient toutes leurs réglements, leurs chefs, leurs fêtes, leurs bannières. Il y avait des corporations d'artisans, des corporations de marchands, auxquelles les empereurs accordèrent des privilèges. Cette classe était très nombreuse à Chalon et jouit, sous Constantin et ses successeurs immédiats, d'une influence prépondérante. Nous ne tarderons pas de voir ses rangs grossir par l'arrivée des populations rurales, fuyant devant les barbares, en même temps que la décadence des classes élevées lui laissait le champ libre pour acquérir une importance de plus en plus considérable dans l'administration de la ville.

Au dernier degré se trouvaient les esclaves, dont le triste sort s'était déjà bien adouci sous l'influence de la foi chrétienne.

L'État n'était rien pour eux et ils n'étaient
rien pour l'État; mais, s'ils n'ont pas encore de droits civils, l'Évangile leur a fait
rendre toute la dignité humaine, en attendant qu'il les affranchisse complètement.
A partir du IV\ siècle, les empereurs dé-
fendirent de vendre les esclaves ruraux
sans la terre ou la terre sans eux. L'habitude s'était peu à peu établie de les
considérer comme attachés au sol qu'ils
cultivaient; c'est de là que sortiront, après
les invasions, « les serfs attachés à la
glèbe ».

Quant aux esclaves domestiques, leur
condition s'améliora peut-être avec plus
de rapidité; de bonne heure, ils prirent
place dans la société légale, et leurs maîtres ou patrons n'eurent plus à leur égard
ce droit barbare de vie et de mort, dont
les païens avaient tant abusé, même aux
époques les plus brillantes de la civilisation de Rome et d'Athènes.

Constantin, en prince chrétien et éclairé,
s'intéressa avec une tendre sollicitude à
cette catégorie toujours trop nombreuse
des malheureux condamnés par la justice
humaine. Personne n'ignore la rigueur

des châtiments que la loi romaine édictait contre les plus légers méfaits. Disons-le, pour l'éternel honneur de notre ville, c'est à Chalon (315) que le grand empereur rendit le décret célèbre par lequel il défendit de marquer au visage les criminels convaincus, « de peur que leur face, qui est formée à la ressemblance de la beauté céleste, ne soit souillée. »

Tel était sommairement l'état de la société gallo-romaine au moment où les barbares, poussés par une force irrésistible, vont faire invasion de tous côtés par dessus les frontières de l'empire. Notre province sera atteinte l'une des premières. Puisque les nouveaux arrivants vont lui donner un nom nouveau, une physionomie nouvelle, il ne sera pas sans intérêt de suivre leur immigration dès son point de départ. On sait que ce furent les Huns qui donnèrent le premier ébranlement aux masses profondes qui couvraient toute l'Europe centrale et s'étendaient, assure-t-on, jusqu'au pôle. Ces cavaliers tartares, partis de l'extrême Orient, traversèrent les monts Ourals (376) et vinrent se précipiter comme un torrent dévastateur sur les nombreuses tribus de race germanique.

Nous n'entrerons pas dans le détail de chaque invasion. A en juger par les traces sanglantes et les dévastations qu'elles laissent sur leur passage, elles se ressemblent toutes et ne diffèrent que par le nom des chefs et des peuples qui les accomplissent.

Alaric, à la tête des Wisigoths, avait déjà tenté une première expédition (403) en Italie, lorsque Radagaise y entraîna, sans plus de succès, ses bandes innombrables, composées de Vandales, de Suèves, d'Alains, de Goths, de Burgondes ou Bourguignons. Stilicon, ministre d'Honorius, opposa à Radagaise le même courage et la même habileté qui l'avaient déjà fait triompher d'Alaric; il mit l'armée barbare en une complète déroute. Les vaincus se rejetèrent alors sur la Gaule qu'ils parcoururent dans tous les sens. Forcé de concentrer toutes les forces de l'empire en Italie, Stilicon avait rappelé les légions du Rhin et du Danube, et les provinces furent ainsi exposées, sans défense, à leurs déprédations.

Aussi bien, malgré la résistance des Francs-Ripuaires, à qui Rome avait confié la garde du Rhin, ce fleuve fut franchi le dernier jour de l'année 406. A partir de ce moment et pendant deux années entières la Lyonnaise fut dévastée sur tous les points à la fois. Chalon, par sa position, se trouvant sûr le passage de toutes les armées qui débouchent de l'Allemagne, il est aisé de concevoir avec quelle avidité les barbares s'y jetèrent les uns après les autres, comme sur une proie qui s'offrait naturellement à leur ambition.

Son importance commerciale, ses richesses, ses monuments, son port étaient autant d'appâts pour ces féroces pillards.

Les Burgondes ou Bourguignons, qui formaient l'arrière-garde de l'armée de Radagaise et s'étaient fait remarquer par leur modération, trouvèrent les rives de la Saône à leur convenance et y établirent le siège de leur puissance.

Ils arrivaient des bords de la Baltique, où ils avaient erré longtemps de la Vistule à l'Oder, mêlés aux Vandales et aux Lombards. Leur première tentative contre la Gaule remonte à l'an 275 et avait été repoussée par Probus; une seconde expédition, en 287, ne fut pas plus heureuse ; on dirait qu'ils étaient appelés à marcher à la suite des autres barbares pour réparer leurs dévastations et en même temps recueillir le fruit de leurs victoires. Romains et Gaulois, en effet, les accueillirent avec une sorte de satisfaction, facile à comprendre, après les calamités de toutes sortes qu'ils enduraient depuis un demi-siècle. L'empereur Honorius, informé de leurs intentions pacifiques, s'empressa de conclure avec eux un traité d'alliance offensive et défensive, et leur assura, à titre d'hôtes et de confédérés, la plus grande partie du pays qu'ils occupaient. L'entrée des Bourguignons sur le territoire éduen, qui a tiré de ce peuple son nom moderne de Bourgogne, n'eut donc rien de violent ni d'oppressif.

Le partage des terres et des esclaves se fit selon les conditions stipulées dans le pacte d'alliance : les deux tiers des champs labourables, la moitié des bois et le tiers des esclaves furent attribués aux vainqueurs ; le reste appartint aux anciens propriétaires qui s'estimèrent heureux d'acquérir, pour une partie de leur fortune, la jouissance paisible et assurée de ce qu'ils conservaient. Mais, comme les barbares préféraient le séjour de la campagne à celui des villes, les populations urbaines restèrent composées des mêmes éléments et conservèrent encore pendant quelque temps leur organisation municipale. Chalon garda donc sa curie et ses magistrats chargés des intérêts de la ville. Tout autre lien administratif fut rompu, les divers ressorts de la centralisation impériale à jamais brisés.

Le nombre des habitants s'accrut alors de tous les malheureux colons, qui ne trouvaient plus aucune sécurité à la campagne. Ils avaient fui devant l'invasion et étaient venus chercher, pour eux et pour leurs bestiaux, un abri dans l'intérieur de la cité. Les barbares, en effet, ne parvinrent pas tous à l'emporter d'assaut, et il y eut parfois, derrière ses murailles, l'ombre sinon la réalité d'un gouvernement régulier. Cet état de prospérité relative dura peu. Les mêmes causes qui avaient fait affluer à Chalon les habitants de la banlieue les contraignirent, quand

le va-et-vient des armées fut terminé, à
reprendre la culture des champs et à re-
bâtir leurs cases incendiées, qu'ils réunirent en agglomérations plus compactes.
Telle est l'origine de la plupart des villages et des bourgs qui parsèment aujour-
d'hui si agréablement la plaine et la côte
chalonnaise. Mais, revenons aux barbares
et disons un mot de leurs institutions et
de leurs croyances religieuses.

Tant qu'ils avaient mené la vie errante
et nomade des peuples germaniques, les
Bourguignons n'avaient eu que des chefs
électifs nommés *hendins*, dont l'autorité
dépendait le plus souvent de leur bonne
ou mauvaise fortune. Il suffisait d'une année stérile ou d'une calamité quelconque
pour les faire déposer. Le pontife suprême de leur religion portait le nom de
Sinist, et jouissait d'un pouvoir supérieur
à celui du hendin et qui ne dépendait ni
du caprice des hommes ni de la nature
des événements.

Les Bourguignons, avant leur conversion au christianisme, adoraient un Dieu
suprême, *Teutsch*, père de toutes choses;
son fils **Mann** était la personnification de

la nature humaine, et *Odin*, le dieu des combats, complétait cette trinité grossière, qui porte cependant des traces évidentes de la révélation primitive, faite au genre humain à son origine.

La dissémination entretenait chez les Bourguignons une instabilité perpétuelle ; leurs habitations, consistant en cabanes de bois ou de terre, étaient isolées dans les champs, dans les bois et séparées entre elles par de grands intervalles. A la tête de chaque groupe de familles se trouvait un *hermann*, dont la valeur guerrière était le premier titre de noblesse et qui jouissait d'une influence d'autant plus considérable que le nombre de ses *leudes* ou fidèles était plus grand. De temps en temps, les hommes libres de chaque tribu, réunis en assemblée ou *mall*, délibéraient sur les questions de paix et de guerre, sur l'itinéraire à adopter, sur les moyens de subsistance, en un mot sur tout ce qui pouvait intéresser la nation elle-même.

Nous sommes en droit de supposer que les premiers missionnaires, qui prêchèrent l'Évangile aux Bourguignons, se firent entendre dans une de ces assemblées générales. Ce qui est certain c'est qu'ils embrassèrent le christianisme, dès la fin du IVme siècle, et qu'ils étaient en possession de la vraie foi, lorsqu'ils occupèrent notre pays. On croit que leur premier apôtre fut Saint Sever, évêque de Mayence. La grâce du saint baptême ne fit pas seulement de nos pères les premiers convertis d'entre les barbares, mais elle les transforma si bien qu'un auteur du temps a laissé d'eux ce magnifique portrait : « Ils étaient obéissants et soumis aux ministres de J.-C., pleins de respect et de vénération pour leurs personnes; doux, agréables, complaisants..... vivant avec les Gaulois, non comme des peuples soumis par la force, mais comme avec des frères, à qui l'on est uni par le sang. »

De telles dispositions réjouirent grandement les saints évêques, qui depuis Donatien (346) se succédaient sur le siège de Chalon. Loin d'être obligés, comme tant d'autres prélats de cette époque, de se porter pour arbitres ou médiateurs entre les vainqueurs et les vaincus, ils n'eurent qu'à cimenter de leur haute influence les clauses pacifiques de l'occupation territoriale.

Les Bourguignons, à l'exemple de tous les peuples de la Germanie, devenus par l'invasion maîtres de l'empire, laissèrent aux anciens fonctionnaires civils la plupart de leurs attributions, ne gardant pour eux que les positions militaires. Ce furent les évêques qui leur apprirent les rouages du gouvernement romain et les initièrent peu à peu aux secrets de la politique. Aussi, croyons-nous que les grands et pieux pontifes, qui, de bonne heure, ont illustré les villes de Chalon, d'Autun, de Mâcon et de Langres n'ont pas été étrangers à la transformation profonde opérée dans les institutions politiques des Bourguignons, peu de temps après leur entrée sur le territoire éduen. L'autorité précaire du *hendin* fut accrue et Gondicaire, qui en était revêtu au passage du Rhin, en 407, reçut le titre de Roi. Nous ne tarderons pas de voir ses successeurs choisir Chalon pour capitale du royaume de Bourgogne.

En attendant, notre ville obéit à un duc ou chef militaire de la province, qui relève directement du Roi. Sous ses ordres, un comte est préposé à l'administration civile de la cité, où il fixe sa résidence. Les principales attributions du comte, à Chalon, comme dans toutes les villes voisines, étaient de rendre la justice, de faire les levées d'hommes destinées à l'armée et de centraliser les impôts. Les barbares, en effet, avaient conservé le système financier des Romains et continuaient de faire percevoir, aux mêmes époques, l'impôt territorial et la capitation sur la population romaine; mais ils avaient déchargé les curiales de la responsabilité des recouvrements, pour la faire passer au comte, sorte de proconsul, qui ne craignit pas d'entrer en lutte avec la curie et surtout avec l'évêque, défenseur zélé des intérêts du peuple. La présence permanente de ce chef barbare, investi de tous les pouvoirs du Roi, porta insensiblement une grave atteinte aux privilèges de la ville et même à son organisation municipale intérieure.

On vit alors se produire de grands changements dans notre population urbaine. Jusque-là, comme nous l'avons dit, les habitants de Chalon, presque tous d'origine gallo-romaine, avaient conservé les usages de la société grecque et romaine; les riches vivant de leurs revenus, les pauvres, du peu d'industrie et de commerce qui subsistait encore. Les Bourguignons, au contraire, s'étaient établis dans la campagne pour rester à l'air libre, sous les grands arbres, à portée des terrains de chasse.

Peu à peu les grands propriétaires de la ville suivirent l'exemple des maîtres du pays; ils quittèrent le *triclinium*, les bains parfumés, les jeux du cirque, les discussions de la curie, les travaux du cabinet, et s'adonnèrent également aux longues chasses, aux combats singuliers, aux bruyantes fêtes des barbares. Cette importante révolution accomplie, la prépondérance qui, depuis l'occupation romaine, avait appartenu aux villes, passa aux campagnes.

Que devint la population de Chalon, abandonnée ainsi des premiers et des plus riches citoyens de la ville? Il serait peut-être plus facile de se l'imaginer que de le dire. A n'en pas douter, elle diminua considérablement et subit des épreuves de toutes sortes : plus de travail et, par une conséquence naturelle, plus de pain pour les pauvres ; sécurité moins grande, rapines plus nombreuses, concussions et catastrophes, révoltes, meutres et emprisonnements, tel est en quelques mots le sombre tableau que présentait alors la brillante Orbandale.

Heureusement l'Église tendit les bras et ouvrit son sein maternel à tant d'infortunés. Les évêques de Chalon prirent en main, avec un dévouement admirable, la défense de leurs diocésains. Nous verrons bientôt que les veuves et les orphelins furent, de par le droit, placés sous leur protection spéciale, et que les tribunaux ne purent prononcer contre eux sans leur participation. Armés de l'excommunication, ils inspiraient à tous, même aux ducs et aux comtes, une crainte salutaire ; ils ajoutèrent ensuite à leur autorité morale un pouvoir politique considérable, en obtenant des rois, comme autrefois des empereurs, concurremment avec le comte ou gouverneur de la cité, la dénonciation des crimes de vol, de sédition et d'incendie.

« Cette ingérence du clergé dans les affaires du siècle, dit un auteur peu suspect de partialité en faveur de l'Église, était heureuse, car il y avait plus de lumières, d'impartialité et de douceur dans ses tribunaux que dans ceux des barbares. »

Aux grandes assemblées ou *malls* de la Germanie, qui ne pouvaient plus se réunir, il substitua les conciles provinciaux, les synodes et les transforma en assemblées mixtes, composées d'évêques et de laïques, qui traitaient autant d'affaires politiques que de questions religieuses. Les conciles tenus à Chalon furent très nombreux : nous aurons plus loin l'occasion d'en parler plus longuement ; bornons-nous ici à mentionner le canon célèbre porté en 664, et par lequel il était défendu de vendre des esclaves chrétiens hors du royaume. Les pères du concile ajoutaient : « la religion réclame que les chrétiens soient rachetés entièrement des liens de la servitude. »

Déjà, en 549, un concile de Mâcon avait interdit aux juges de prononcer sur le sort des veuves et des orphelins, sans en avoir prévenu l'évêque, leur protecteur naturel; et si on y imposa l'obligation de payer la dîme ou le dixième des produits de la terre aux ministres de l'Eglise, c'est que l'Eglise était seule à songer aux pauvres dans ces temps de troubles et de calamités. Aussi, voit-elle chaque jour s'élargir la sphère de son action; la compétence judiciaire des évêques embrasse presque toutes les causes civiles; en même temps, ils deviennent grands propriétaires par les nombreuses donations qu'ils reçoivent; et sur ces immenses domaines, que la piété ou la reconnaissance des fidèles leur abandonnent, ils y portent l'affranchissement : hommes et terres, tout y est à l'abri.

A côté des églises, on eut bientôt d'autres asiles encore plus inviolables, les monastères, où viendront se réfugier les âmes tendres et élevées, à qui la vue des désordres du siècle inspire d'incroyables dégoûts. Sans parler de la célèbre abbaye de Saint-Marcel, bâtie à une lieue de Chalon, on vit s'élever dans l'intérieur de la ville de nombreux couvents qui furent autant de foyers de dévouement et d'intercession et qui procurèrent d'abondantes aumônes aux pauvres et aux malheureux ; car, comme on l'a dit, une abbaye n'était pas seulement alors un lieu de prière et de méditation, c'était encore un asile ouvert contre l'envahissement de la barbarie sous toutes les formes.

Ce refuge des livres et du savoir abritait des ateliers de tout genre, et ses dépendances formaient ce que nous appelons aujourd'hui des fermes modèles..... Quelles ressources précieuses pour les populations des villes et des campagnes ! Saluons donc avec reconnaissance et respect l'origine des fondations pieuses qui firent, peu à peu, de Chalon, au moyen âge, une véritable cité monacale ; c'est pour les mêmes motifs qu'il faut ranger au nombre de ses enfants les plus illustres, saint Césaire, le grand archevêque d'Arles, qui établit sous la direction de sa sœur, sainte Césarie, le premier couvent de religieuses qu'on ait vu en Gaule ; son œuvre répondait à un besoin si impérieux de paix et de recueillement que Césaire eut des continuateurs dans toutes les villes de la **Bourgogne**.

Les sages réglements de l'évêque d'Arles, soutenus de l'exemple de la pieuse abbesse, rendirent sa communauté heureuse et florissante; à Chalon, leur patrie, il y eut une sainte émulation qui porta un grand nombre d'âmes d'élite à les imiter. N'anticipons pas toutefois sur les événements, et réservons à leur ordre de date le récit des diverses fondations monastiques, qui ont fait la gloire de notre religieuse cité. Pour le moment, elles sont la sauvegarde de la civilisation, et c'est de là qu'elle sortira pour se répandre sur la société, quand cette société aura retrouvé le calme et la sécurité nécessaires à la culture des lettres et des arts.

CHAPITRE IV.

CHALON, VILLE ROYALE

Premiers rois de Bourgogne. — Chalon devient la capitale du royaume. — Mariage de sainte Clotilde et ses conséquences. — Guerre en Bourgogne. — Théodebert fixe sa résidence à Chalon. — Episcopat de S. Sylvestre. — S. Didier. — Clotaire crée un second royaume de Bourgogne. — Règne de S. Gontran, son palais à Chalon, ses fondations pieuses. — Diverses ordonnances. — La reine Brunehaut embellit Chalon. — Episcopat de S. Loup. — Fondation de l'abbaye de S. Pierre. — Dagobert et Clovis II à Chalon. — Martyre de S. Chaumont. — Décadence de la dynastie mérovingienne.

Aussitôt qu'il fut maître de la rive gauche du Rhin et du cours supérieur du Rhône, Gondicaire, premier roi des Bourguignons, fixa sa résidence à Genève, qui était alors le centre de ses états. Plus tard, s'étant avancé avec son peuple dans la vallée de la Saône et du Rhône, il transféra à Vienne le siège de son gouvernement. Gondioc, son successeur, conserva à cette ville la prééminence qu'elle avait acquise sur tout le royaume. Il laissa en mourant quatre fils, mais il ne leur parta-

gea point ses états en autant de royaumes
indépendants, comme le faisaient les
princes francs. Chilpéric, l'aîné, fut proclamé roi à Genève; ses frères obtinrent,
seulement à titre d'apanage, certaines
villes particulières, où ils établirent le
lieu ordinaire de leur séjour.

Gondebaud, le plus ambitieux et le
plus habile des quatre, ne put se contenter des terres de la Saône, qui lui avaient
été assignées; il intrigua si bien qu'il
réussit à les accroître de tout ce que ses
frères possédaient, et finit même par ravir à
Chilpéric le titre de roi. Les historiens
sont partagés pour savoir s'il conserva à
Genève ou s'il rendit à Vienne le rang de
capitale du royaume. Tout fait supposer,
au contraire, qu'il maintint le siège de son
administration à Chalon, ville qui n'avait
pas cessé de lui appartenir.

Quoi qu'il en soit, c'est à Chalon qu'il
reçu les ambassadeurs que Clovis, roi des
Francs, lui députa en 493, pour lui demander la main de sa nièce, Clotilde,
fille de l'infortuné Chilpéric. Gondebaud
n'osa pas refuser son consentement, et la
princesse partit de suite rejoindre elle-

même, à Soissons, son époux, lequel devait venir la chercher dans notre ville. Elle avait de bonnes raisons de ne pas se fier à la parole de son oncle ; voilà pourquoi elle ne séjourna que fort peu de temps à Chalon, où cependant la cérémonie de ses noces aurait dû avoir lieu.

Nous ne tarderons pas de voir quelles furent, pour la Bourgogne, les conséquences politiques de ce mariage. Avec sa sagacité habituelle, Gondebaud les avait-il prévues ? Tout porte à le croire, car à peine eut-il ratifié l'acceptation de Clotilde qu'il s'en repentit et donna l'ordre de retenir la jeune princesse à Chalon (491). Celle-ci, comme nous l'avons dit, avait déjoué par son départ précipité les calculs égoïstes de son oncle ; elle était déjà heureusement hors de sa puissance.

Soit par ressentiment, soit par ambition, Clovis déclara presque aussitôt après son mariage la guerre à Gondebaut, et peu s'en fallut qu'il ne réussît à le renverser du trône. Mais, grâce à la bienveillante intervention des évêques, Gondebaut, quoique vaincu, conserva tous ses états et les transmit à son fils S. Sigismond. Ce prince choisit la Suisse pour résidence et habita le plus souvent au monastère d'Agaume, qu'il avait fondé et où il établit la psalmodie perpétuelle.

Tandis qu'il se livre avec ferveur aux pratiques de piété, les fils de Clovis, sous prétexte de venger les injures de leur mère, font une irruption subite en Bourgogne et pénètrent jusqu'à la Saône. Sigismond est pris et massacré avec toute sa famille. Son meurtrier, Clodomir, tombe à son tour sous les coups de Gondemar, frère et successeur de S. Sigismond (524). La conquête de la Bourgogne fut ajournée par cette mort; mais, en 532, Clotaire et Childebert préparèrent une nouvelle expédition; elle dura trois ans. A la fin, Gondemar, malheureux sur tous les champs de bataille, s'échappa d'Autun, où les rois francs le tenaient assiégé, et disparut, sans qu'on n'entendit plus jamais parler de lui. Presque tout le bassin du Rhône subit le joug des vainqueurs; les leudes bourguignons furent assujettis au service militaire, et les cités payèrent le tribut aux rois mérovingiens, qui firent gouverner le pays par un patrice nommé à l'élection.

Chalon n'échappa point à la loi commune, et dut livrer au fisc des princes francs sa part de la contribution de guerre, ce qui aggrava encore l'état de gêne et de misère, dans lequel ses habitants étaient plongés. La ville, malgré les généreux efforts de l'évêque et du clergé, était menacée d'une décadence irrémédiable, quand une nouvelle révolution politique vint lui rendre une partie de son ancienne splendeur.

Depuis l'extinction de la famille royale de Bourgogne, les fils de Clovis étaient les seuls héritiers de Gondioc, aïeul de Ste Clotilde; aussi, se partagèrent-ils ce royaume, comme ils avaient déjà fait pour la succession de leur père. C'étaient de nouveaux et vastes domaines qu'ils ajoutèrent chacun à leurs possessions particulières, agissant comme feraient aujourd'hui les fils d'un riche propriétaire appelés au partage de plusieurs héritages successifs; après avoir hérité de leur père, ils héritaient aujourd'hui de leur mère. Théodebert, fils et successeur de Thierry, obtint la ville et le comté de Chalon, dans le lot qui lui fut assigné.

Quoique roi d'**Austrasie**, avec Metz pour capitale, il **résida souvent à Chalon**, qui devint ainsi *ville royale;* et y fit frapper une monnaie à son coin. Le commerce reçut les encouragements dont il avait besoin, et l'affluence des étrangers attesta la reprise des affaires.

Au nombre des personnages de distinction qui honorèrent l'antique cité de leur présence, nous devons nommer Childebert, roi de Paris. Ce prince revenait d'une expédition tentée au-delà des Pyrénées et apportait avec lui des reliques de S. Vincent. S. Sylvestre occupait alors le siège épiscopal de Chalon ; sur les instances du pieux prélat, Childebert consentit à gratifier l'église cathédrale d'une partie notable de son précieux trésor. Les miracles que les reliques du glorieux diacre de Saragosse opérèrent sur une foule de malades et les grands souvenirs de son martyre impressionnèrent tellement le peuple qu'à partir de ce jour le nom de S. Vincent fut substitué à celui de S. Etienne, premier patron de la ville et du diocèse. S. Sylvestre lui-même était non moins célèbre par ses vertus et ses miracles. Après sa mort, on conserva longtemps, comme une relique, le hamac qui formait sa couche, et les infirmes, en passant sous ce lit austère, tissu de cordes, recouvraient la santé.

Dans le même temps vivait, au monastère de Gourdon, un ermite d'une admirable sainteté, S. Didier, dont les reliques furent ensuite transférées à Chalon. Ces grands exemples de vertu soutinrent les malheureux habitants de cette ville, qui étaient alors en proie à toutes sortes de calamités.

En effet, vers le milieu du VIe siècle, la peste sévit avec une telle violence qu'elle enleva la majeure partie de la population; à la peste succéda la guerre civile et tous les maux qu'elle entraîne à sa suite. Ainsi, Chramne, le fils préféré de Clotaire Ier, s'étant révolté contre son père, souleva la Bourgogne, mécontente de la domination des Francs, et vint mettre le siège devant Chalon, en 555. La ville fut prise et livrée au pillage.

Clotaire apaisa la rebellion en châtiant sévèrement les coupables, et accorda quelques secours à notre malheureuse cité. La mort de ses frères et neveux l'avait rendu seul maître de tout l'héritage de Clovis, agrandi des conquêtes faites depuis cinquante ans et l'unité monarchique semblait être constituée désormais.

Mais, en 562, un nouveau partage créa un second royaume de Bourgogne en faveur de Gontran, deuxième fils de Clotaire et premier roi mérovingien de Chalon.

Cette ville fut, en effet, choisie par le religieux monarque pour capitale de tous ses états, qui comprenaient, outre l'Orléanais, la Bourgogne, le Dauphiné, la Savoie et la plus grande partie de la Provence. Chalon obtenait donc la prééminence sur tout le bassin du Rhône et l'emportait même sur Orléans, que son heureuse situation, sur la Loire et près de Paris, rendait déjà importante. Gontran fit construire son palais dans l'emplacement qui porte encore aujourd'hui le nom de Châtelet; toutefois, on se tromperait étrangement, si on attribuait aux habitations des rois mérovingiens le luxe et la splendeur que les souverains modernes donnent à leurs demeures.

C'était généralement un vaste bâtiment carré, entouré de portiques d'architecture romaine, et quelquefois orné de sculptures qui ne manquaient pas d'élégance. Autour du principal logis se trouvaient disposés par ordre les logements des officiers du Roi. Ce qui reste aujourd'hui du palais de Gontran à Chalon ne peut nous donner aucune idée, à cause des nombreuses transformations qu'il a subies dans le cours des siècles, de ce qu'il était à l'époque de sa fondation. Quant à la ville elle-même, on comprend que la présence d'une cour nombreuse ait augmenté considérablement sa population et son importance politique. Nous avons déjà vu renaître, dans une certaine mesure, l'activité commerciale, qui est comme naturelle à Chalon. L'industrie reçut la même impulsion : un grand nombre de familles y exercèrent alors, pour le compte du prince, toutes sortes de métiers, depuis l'orfèvrerie et la fonte des monnaies jusqu'à la fabrication des armes et des instruments agricoles ; depuis la broderie en soie et en or jusqu'au tissage des étoffes grossières de laine et de chanvre.

Modéré par caractère, et animé d'une vive piété, S. Gontran préférait les bienfaits de la paix aux ravages de la guerre. Quand il prit les armes ce fut toujours ou pour repousser des agressions injustes, ou pour venger l'innocence opprimée, ou pour revendiquer des droits inviolables.

On dit que Gontran avait eu une jeunesse orageuse, et que dans les premières années de son règne ses mœurs étaient encore très licencieuses; il eut plusieurs épouses, mais il perdit tous ses enfants en bas âge. Ses malheurs domestiques et les calamités qui accablèrent ses peuples en l'année 570 furent une dure leçon, dont le pieux monarque sut profiter. Il s'appliqua désormais à réparer les scandales qu'il avait donnés à ses sujets, s'imposa les plus rudes pénitences et se livra à toutes sortes de bonnes œuvres. Le temps qu'il ne consacrait point aux affaires, il l'employait à la prière et au soulagement des malheureux. C'est au sortir de l'office divin que les pauvres et les malades venaient se présenter à lui et solliciter avec confiance les secours dont ils avaient besoin.

Parmi les nombreuses fondations que S. Gontran restaura ou qu'il établit lui-même, nous devons citer l'abbaye de S. Marcel, bâtie à l'endroit où le saint apôtre de Chalon avait souffert le martyre. L'église fut décorée avec une magnificence vraiment royale, et le monastère reçut comme dotation, pour l'entretien des religieux, les revenus de plusieurs villages de la plaine et de la côte chalonnaise, tels que Chenôves, Allériot, Bey, Rosey. S. Gontran voulut, à l'exemple de S. Sigismond, qui en avait introduit l'usage dans le monastère d'Agaume, que les moines fussent partagés en neuf chœurs, lesquels se relèveraient pour psalmodier alternativement et sans interruption l'office divin.

Nous avons déjà dit que le pieux monarque passait aux pieds des autels tout le temps que n'absorbait pas le gouvernement de ses états. Il se plaisait particulièrement au milieu des religieux de S. Marcel. Ce fut pendant l'un des longs séjours qu'il y faisait qu'une fille d'un de ses officiers, nommée Theutille, remarquable par sa beauté, vint implorer son secours contre la famille de son ravisseur.

Afin de se soustraire à la passion brutale d'Amalon, duc de Champagne, elle n'avait point hésité, nouvelle Judith, à frapper le puissant seigneur de sa propre épée ; aujourd'hui, elle demandait grâce au roi du meurtre qu'elle avait commis. S. Gontran rendit aussitôt une ordonnance, par laquelle il défendait à la famille d'Amalon de l'inquiéter, puisqu'elle n'avait fait que de défendre son honneur.

Une autre ordonnance du roi de Bourgogne, encore plus célèbre, est celle qu'il rendit au château de Péronne pour prescrire la cessation de tout travail servile les jours de dimanche et de fêtes. Les peines qu'il portait contre les violateurs de la loi de Dieu furent un nouveau gage de prospérités, tant à l'extérieur qu'à l'intérieur du royaume ; le bonheur des peuples étant en raison directe de leur fidélité à observer le repos dominical. S. Gontran ne déploya pas moins de zèle pour le maintien de la discipline ecclésiastique.

Par ses ordres, deux conciles s'assemblèrent à Saint-Marcel en 579 et en 580. On y fit une juste application des saints canons contre deux prélats indignes. Vers

cette même époque, S. Agricole, huitième évêque de Chalon, terminait sa
longue et pieuse carrière. « C'était, dit
Perry, un personnage de bonne façon,
de grande sagesse, d'illustre naissance et
de la race des sénateurs. Il bastit beaucoup de maisons en la ville de Chalon et
n'épargna rien pour son église qu'il fit
édifier à ses dépens. Il était d'une merveilleuse abstinence, qui ne disnoit jamais et ne soupoit que fort légèrement. »

Depuis 575 Brunehaut et Frédégonde,
belles-sœurs de S. Gontran, se faisaient
une guerre d'autant plus acharnée qu'elle
servait la rivalité séculaire de l'Austrasie
et de la Neustrie. Le roi de Bourgogne
fut constamment occupé à se garantir de
leurs attaques, et dut, pour ce motif,
s'entourer d'une garde qui l'accompagnait
partout. Il déploya tout son zèle, sans
jamais se décourager, à arrêter l'effusion
du sang, à rétablir la concorde entre ses
frères d'abord, puis à la fin entre ses
neveux. Obligé de se déclarer pour un
parti, il donna raison à Brunehaut, qui
avait à venger à la fois le meurtre de sa
sœur Galsuinte et la mort de ses deux
époux, Sigebert et Mérovée.

Frédégonde, son odieuse rivale, surnommée la Médée franque, avait bien essayé d'entraîner Gontran dans son parti, en lui déférant la tutelle de son jeune fils Clotaire II. Mais, au traité d'Andelot (587), le saint roi de Bourgogne adopta Childebert, fils de Sigebert et de Brunehaut, et le déclara héritier de tous ses états. S. Gontran employa les dernières années de son règne à cimenter l'union entre l'Austrasie et la Bourgogne. A sa mort, arrivée le 28 mars 593, Childebert réunit les deux couronnes, mais il n'habita pas Chalon. Il ne fit, du reste, que passer sur le trône ; ses deux fils, âgés l'un de neuf ans et l'autre de dix, se partagèrent ses états et régnèrent sous la tutelle de leur aïeule Brunehaut.

Thierry, le plus jeune, obtint la Bourgogne et établit sa résidence dans le palais de S. Gontran, son grand-oncle. Brunehaut, chassée d'Austrasie, vint se réfugier près de Thierry, qui la reçut à Chalon avec beaucoup d'honneurs et d'empressement. Cette princesse, quoique dévorée de la soif du pouvoir, avait cependant le goût des arts et des lettres. Son administration en Bourgogne fut marquée par l'établissement d'un grand nombre de monastères, seuls foyers subsistants de la civilisation; Chalon vit ses palais et ses édifices publics réparés; ses routes furent reliées aux chaussées qu'on avait construites en Austrasie et son port servit de nouveau d'entrepôt aux denrées du nord et du midi.

Thierry, prince indolent et débauché, abandonna le soin des affaires à son maire du palais et à son aïeule, laquelle abusa de son autorité pour faire déposer, dans un conciliabule tenu à Chalon, puis massacrer Saint Didier, évêque de Vienne. Ce courageux prélat lui avait reproché plusieurs fois sa vie licencieuse et avait adressé au roi lui-même de graves reproches sur sa conduite. Brunehaut, voulant se débarrasser de ce censeur importun, donna à Thierry le perfide conseil de le faire lapider, sous prétexte d'ambition. Pour le même motif S. Columban, abbé de Luxeuil, fut arraché violemment de son monastère et chassé du royaume. Mais la colère du ciel ne devait pas tarder à venger les droits de la vertu et de l'innocence opprimés.

Poussé par Brunehaut, Thierry déclara la guerre à son frère Théodebert qu'il vainquit et qu'il entraîna à Chalon, après avoir fait écraser la tête à son fils Mérovée. Il était sur le point de marcher contre la Neustrie et de réaliser enfin, à son profit, le rêve de son aïeule, en réunissant tous les états francs en un seul royaume, quand il mourut lui-même à Metz. Restait Clotaire, fils de Frédégonde et héritier de sa haine contre Brunehaut. Celle-ci voulut le prévenir et prétendit le dépouiller de la Neustrie ; mais trahie par ses leudes et arrêtée à Orville, près de Dijon, elle fut livrée, avec ses deux arrières petits-fils, à Clotaire, qui la condamna au supplice le plus honteux et le plus cruel (612).

Cette mort et la fin non moins tragique des fils de Thierry firent passer la couronne de Bourgogne sur la tête de Clotaire II, dont le règne fut illustré par les vertus de S. Loup, évêque de Chalon. Les monuments que le pieux prélat érigea ou qu'il embellit prouvèrent à la fois son zèle et l'élévation de ses sentiments.

Sur son lit de mort, il fit prier en

vain le juge chargé du soin de la prison
de lui accorder la liberté de quelques
personnes qu'il lui désigna. Le lendemain,
tandis que l'on procédait à la cérémonie
des funérailles, le convoi, arrivé devant
la prison, ne put avancer davantage, le
corps de S. Loup étant devenu tout à
coup d'un poids énorme. On vit alors les
portes de la prison s'ouvrir d'elles-mêmes
et les détenus rentrer dans leurs familles.
C'est en souvenir de ce prodige que les
évêques de Chalon avaient le privilège
d'élargir un prisonnier, le jour de la fête
de S. Loup.

Nous devons encore signaler, comme
remontant à cette époque, l'origine de
l'abbaye de S. Pierre. Les chroniqueurs
ne sont pas plus d'accord sur la date de
la fondation que sur le nom du fondateur
lui-même. Cependant Flavius, référendaire
ou chancelier de S. Gontran, puis évêque
de Chalon, passe généralement pour être
le premier bienfaiteur de cette maison (584).
Elle fut d'abord construite sur une émi-
nence, au nord de la ville, dans un lieu
où un saint ermite avait élevé son oratoire,
près du cimetière public. D'immenses

fortifications et de vastes dépendances firent bientôt de cette abbaye une sorte de poste avancé de la ville. Mais lorsque, en 1546, François Ier voulut élever une citadelle à Chalon, il en choisit l'emplacement dans l'enclos même du monastère; les religieux, après mille vicissitudes, se retirèrent dans l'intérieur de la ville et y construirent l'église St-Pierre, qui est le seul débris subsistant de cette antique et célèbre abbaye.

Revenons aux princes mérovingiens. En 628, Dagobert succéda à son père Clotaire II, comme roi de Bourgogne, de Neustrie et d'Austrasie. Informé que la gestion des affaires en Bourgogne souffrait de son éloignement, il visita successivement Langres, Dijon, St-Jean-de-Losne; mais il fit un plus long séjour à Chalon, qui était toujours considérée comme ville royale. Partout Dagobert se montra bon et affable, quittant sa table, ses plaisirs et même son sommeil pour rendre justice, accueillant le pauvre avec autant d'aménité que le riche et faisant droit à toutes les réclamations justes.

A sa mort, la Neustrie et la Bourgogne

échurent au plus jeune de ses fils, Clovis II,
qui régna sous la tutelle de sa mère la
reine Nantilde. Ce prince choisit Chalon
pour y présider, le 1er mai 649, une assemblée ou *mall* des seigneurs du royaume.
Flaochat, maire du palais, après avoir
mis à mort son rival Willibaud, patrice
de la Bourgogne transjurane, se rendit
également à Chalon, mais un violent
incendie, qui éclata soudain dans son
palais, l'obligea ensuite à quitter la ville.

L'année suivante, 650, un concile,
composé de tous les évêques de la province,
tint ses sessions à l'église cathédrale
St-Vincent, et y promulgua des canons
célèbres sur le chant et la réserve des
femmes dans le lieu saint. Le siège épiscopal de notre ville était alors occupé
par Gratus, prélat d'une grande humilité
et d'une haute piété. C'est lui qui le
premier fît construire sur la rive gauche
de la Saône une église, qu'il dédia à
St-Laurent, diacre et martyr, et qui fut le
noyau autour duquel vint se grouper le
faubourg du même nom.

A S. Gratus succéda un évêque indigne
de ce titre Désiré ou Didon, créature

d'Ebroin, dont il épousa les inimitiés contre S. Léger, évêque d'Autun. Mais il ne tarda pas à subir la peine de son crime ; il fut jugé dans un concile et solennellement déposé. On connaît la lutte héroïque que le grand évêque d'Autun eut à soutenir pour l'indépendance de l'Église et de la royauté mérovingienne contre l'ambitieux Ebroin.

Nous ne citerons qu'un épisode de ce long drame, parce qu'il eut pour théâtre le territoire de Chalon : c'est le martyre de S. Chaumont, archevêque de Lyon. Ebroin, craignant que ce pieux prélat ne dévoilât les exactions dont il accablait le peuple, lui intima l'ordre de se rendre à Chalon et là il le fit cruellement massacrer. Le corps du saint évêque, assure-t-on, fut mis sur la Saône dans un bateau et abandonné ensuite à la merci des flots ; malgré cela, il arriva heureusement à Lyon ; partout où il passait les cloches sonnaient d'elles-mêmes en l'honneur du saint martyr. S. Chaumont était très aimé de Clovis II et avait été choisi par lui pour servir de parrain à son fils Clotaire III.

Son supplice et le meurtre non moins

barbare et injuste de S. Léger , commis l'un et l'autre au nom de Thierry , dernier enfant de Clovis II, quoique contre son gré, attestent la profonde décadence des princes mérovingiens. Le sceptre n'est plus qu'un vain hochet entre les mains des *rois fainéants ;* les véritables dépositaires du pouvoir sont les maires du palais, neustriens et austrasiens , qui se disputent avec acharnement la tutelle et l'exploitation de la royauté défaillante. Chalon et les autres villes de Bourgogne furent trop souvent l'enjeu de ces luttes fratricides. Ebroin, d'abord vainqueur , à Leutofao, du premier des Pépin, Pépin d'Héristal, périt assassiné et légua le soin de leur résister à Berthaire, qui n'avait ni sa froide cruauté ni ses talents. Aussi la France romaine, comme on commençait à appeler la Neustrie, fut-elle vaincue à Testry (687) par la France teutonique. Cette bataille mit réellement fin à la première dynastie des rois francs , en même temps qu'elle enlevait à la Bourgogne ses privilèges et son titre de royaume ; Chalon perdit également son rang de cité royale et devint un fief pour quelque seigneur austrasien.

Aux calamités intérieures vinrent se joindre les désastres d'une invasion arabe. Conduits par leur roi Abdérame, les Sarrasins, après avoir porté le fer et le feu dans toutes les provinces du Midi, avaient remonté le Rhône et la Saône. Chalon eut ses églises, ses monastères, ses édifices, ses maisons particulières saccagés de fond en comble et la plupart de ses habitants furent massacrés. La victoire de Poitiers sauva la chétienté tout entière (725) et força les féroces pillards à repasser les monts. En effet, Charles Martel les chassa de Bourgogne, mais il ne rendit point à notre cité ses antiques privilèges. Un autre pouvoir va grandir, côte à côte, pour ainsi parler, avec la nouvelle dynastie, en attendant qu'il se supplante à elle et l'absorbe entièrement.

CHAPITRE V

LES COMTES DE CHALON

Les comtes, leurs attributions, les scabins ou échevins
et les bénéficiers. — Les comtes bénéficiaires de Chalon :
Abdalard. — Charlemagne établit à Chalon des écoles
majeures. — Louis le Débonnaire à Chalon. — Le comte
Guérin et Lothaire. — Thierry. — Manassés de Vergy.
— Le comte Gislebert. — Robert de Vermandois. — Les
comtes de Chalon héréditaires. — Le comte Lambert. —
Hugues I⁰ʳ. — Thibaud. — Hugues II. — Guillaume I⁰ʳ.
— Guillaume II, sa fille Béatrix. — Jean le Sage, dernier
comte de Chalon.

Après le passage des Sarrasins, tout
était à reconstituer dans notre malheureux
pays, et s'il n'eut été soutenu par une
influence complètement désintéressée,
telle que l'était celle du clergé, le génie
des premiers Carlovingiens eut été impuissant à mener à bonne fin une œuvre
de cette importance. On l'a dit avec
raison, sans les évêques, barbare ou
musulmane, la Gaule ne serait jamais
devenue la France. C'est l'Eglise qui, au
baptême de Clovis, avait béni et consacré
le berceau de la royauté mérovingienne ;

elle encore qui seconda merveilleusement les efforts de Pépin et de Charlemagne dans leur lutte contre l'anarchie féodale ; puis, quand les faibles successeurs du grand empereur auront faibli et cédé à l'entrainement général de l'époque, seule elle saura ramener la paix et la sécurité au milieu du chaos des compétitions rivales des ducs, des comtes, des barons.

Nulle part peut-être son influence bienfaisante ne fut plus efficace qu'à Chalon pour contenir, sinon arrêter le mouvement qui poussait les populations à s'isoler et à se séparer les unes des autres, La majeure partie des fiefs, alleux ou bénéfices se transmettaient déjà héréditairement que Chalon obéissait toujours à un comte amovible et nommé par le prince. Notre ville et son territoire ne cessèrent, en effet, de faire partie intégrante du royaume que vers le milieu du Xme siècle , au moment où la disparition de la race de Pépin sembla légitimer toutes les dynasties féodales. Nous verrons alors la maison princière de Chalon jeter le plus vif éclat, au point d'éclipser presque les puissants ducs de Bourgogne et même les rois de France.

Avant de remonter à ses origines, disons un mot de la situation politique de notre pays sous le gouvernement des Carlovingiens. Au point de vue administratif, il était divisé en comtés, dont la circonscription reproduisait assez bien les anciennes limites des cités romaines. Les comtes réunissaient entre leurs mains toutes les attributions civiles, judiciaires et militaires ; ils veillaient à l'entretien des routes, enrôlaient des soldats pour le service du Roi et présidaient une fois par mois les assises de leur ville, auxquelles primitivement tous les hommes libres du comté étaient tenus d'assister. Mais comme ces derniers négligeaient souvent de venir à l'assemblée, des magistrats particuliers, nommés *scabins* ou *échevins*, furent institués et composèrent le tribunal de chaque cité.

A coté du comte sera plus tard le vicomte, puis à un degré inférieur le centenier, appelé aussi vicaire ou viguier, dont la juridiction ne s'étendait qu'à une subdivision du comté. Enfin les *bénéficiers* ou *vassaux* de l'empereur formaient toute une catégorie d'agents locaux qui « tenaient du prince quelquefois héréditairement, plus souvent à vie, plus souvent encore sans aucune stipulation ni règles, des terres, des domaines, dans l'étendue desquels ils exerçaient presque tous les droits de la souveraineté ». En retour ils devaient au Roi le service militaire gratuit, lequel pesait non plus sur les personnes mais sur les propriétés affranchies désormais de toute autre espèce d'impôts.

Le comte et, sous ses ordres, les centeniers conduisaient ces soldats d'un nouveau genre à la guerre, après s'être assurés que chacun était muni d'une lance, d'un bouclier, d'un arc avec deux cordes et douze flèches, ainsi que d'une provision de vivres et d'habillements, mesurée sur la durée probable de la campagne. La guerre, en effet, ne cessait plus, tantôt sur un point tantôt sur un autre : primant tout le reste, la profession des armes allait peu à peu constituer cette redoutable caste militaire qui s'emparera du sol à son profit et, sous prétexte de le défendre contre l'ennemi, le couvrira de châteaux et de bastions. Telle est sommairement l'origine du régime féodal, dont nous allons voir les phases diverses à Chalon, en poursuivant l'histoire de notre cité.

Le premier comte bénéficiaire de Chalon fut *Abdalard,* lequel administra la ville, au nom de Pépin le Bref, et fit à son profit une glorieuse expédition en Auvergne(765). Pépin mort, le comte de Chalon, au lieu de profiter de cette circonstance pour se déclarer indépendant, fit sa soumission d'abord à Carloman, qui avait été désigné comme roi de Bourgogne, puis à Charlemagne, resté seul maître de l'héritage paternel. Chalon eut à se féliciter de cette noble conduite, car le grand empereur lui accorda une large part dans les faveurs que ses victoires lui permirent bientôt de distribuer aux cités de son royaume. La cathédrale St-Vincent et les autres monuments publics, que les Arabes avaient dévastés, furent non-seulement réparés, mais encore agrandis et ornés.

On connaît le zèle de Charlemagne pour les sciences et les arts. A son avènement toute littérature avait disparu ; on ne savait plus le grec, le latin s'altérait chaque jour, c'était un prodige que de trouver

hors des monastères un homme qui sût lire.
Pour remédier à une situation aussi
défavorable, Charlemagne établit dans
toutes les villes importantes de son empire des écoles qui devinrent bientôt
florissantes. Chalon eut les siennes où
des maîtres habiles enseignèrent à de
nombreux étudiants la poésie, la gram-
maire, la théologie, l'écriture sainte,
l'astronomie et même la médecine. Nous
pouvons inférer de là que notre cité ne
possédait pas seulement ce qu'on appelait
alors des écoles *mineures*, et dont le
programme correspondrait à celui de l'enseignement primaire actuel, mais encore
des écoles *majeures,* ordinairement réser-
vées aux moines ou aux clercs. Il en
résulta une sorte de renaissance littéraire,
au sein de notre population urbaine ; malheureusement elle dura trop peu et n'étendit
pas son influence hors de la cité. Disons
cependant qu'elle jeta un certain éclat, car
c'est à Chalon que l'empereur, la dernière
année de son règne, fit assembler un
concile de toute la Gaule lyonnaise, qui
tint ses sessions dans l'église de St-Vincent.
On y renouvela les ordonnances antérieures

relatives aux écoles, dont la direction fut confiée aux évêques. Chaque abbé reçut, de plus, l'obligation de donner lui-même les leçons de Théologie et d'Ecriture sainte aux jeunes religieux et aux autres étudiants qui fréquentaient l'école du monastère.

En montant sur le trône de son père, Louis le Débonnaire n'y porta point ses qualités héroïques. Le premier acte de son gouvernement fut d'associer à l'empire son fils aîné Lothaire et d'assigner un royaume à chacun des deux autres. Bernard, son neveu, que Charlemagne avait fait roi d'Italie, se prétendit lésé par ce partage, et entraîna dans sa révolte les peuples du midi. Louis, averti à temps, s'avança contre le rebelle jusqu'à Chalon avec une armée formidable. Bernard, se reconnaissant trop faible, vint dans notre cité se jeter aux pieds de l'empereur. Selon la loi des francs il devait être mis à mort, mais le pieux monarque adoucit la sentence et condamna le coupable à perdre les yeux; celui-ci mourut trois jours après ce cruel supplice.

Le comte de Chalon, Abdalard, mourut

lui-même sur ces entrefaites, et eut pour successeur *Warin* ou *Guérin*, dont l'autorité s'étendit jusqu'à Mâcon. A l'exemple de Bernard, comte d'Autun, il se montra constamment fidèle à Louis le Débonnaire, au milieu des tristes demêlés que la faiblesse de ce prince lui suscita avec ses enfants. Guérin contribua pour une part glorieuse à lui faire rendre toute son autorité, en 830, à l'assemblée de Nimègue. Louis récompensa le comte de Chalon en lui confiant l'administration de l'Auvergne, ce qui accrut dans la même proportion l'importance politique de notre ville.

Mais une nouvelle révolte de Lothaire (833) la plongea bientôt dans un abîme de calamités. Chalon avait hautement protesté contre la déposition du malheureux empereur et témoigné toute son aversion pour le fils dénaturé qui avait dévoilé la honte de son père. Soit par ressentiment de ses anciennes humiliations à Nimègue, où Guérin avait exercé une influence prépondérante, soit dans le but d'étouffer à son foyer principal l'opposition qui éclatait de toutes parts, en donnant un exemple terrible, Lothaire accourut mettre

le siège devant notre ville. Les horreurs
de cette prise d'assaut ont été racontées
en termes saisissants par Saint-Julien-
de-Baleure (1).

Nous ne parlerons que du meurtre de
Gerberge, sœur du duc Bernard, un des
ennemis de Lothaire et sur laquelle il
assouvit sa rage furieuse. Gerberge vivait
dans un des monastères de la ville. Sans
respect ni pour son sexe, ni pour la profession religieuse le farouche vainqueur
l'arrache violemment de sa retraite, ordonne
ensuite de l'attacher par les cheveux à la

(1) « L'assault fut renouvellé par cinq jours, et
enfin la ville fut rendue par composition. Mais la
discipline anéantie par l'audace et l'insolence du soldat,
peu craignant le général de l'armée, fut cause que
les articles de la capitulation enfraincts et la foy
publique violée, rien par après ne demeura exempt
de calamité. Tout fut submis à si effrénée volonté
que toutes les lois divines et humaines y furent offensées.
Les sanctuaires des églises profanez, pour servir au
pillage : la maison de la ville et toutes les armoires
des archives publiques ravagez ; et chacun en son
bien particulier, privé de ses propres facultez. Pour
chef-d'œuvre d'hostilité et perfection de mal faire,
toute la ville fut anéantie par feu si violent, que
rien n'en resta d'entier, fors une chapelle fondée en
l'honneur de Dieu sous l'invocation de St-Georges. »

queue d'un cheval indompté, qui l'entraîne au milieu des ruines de la ville.

Tant de cruauté, au lieu d'étouffer la rébellion, ne fait que l'exciter davantage. Lothaire, abandonné de tous les siens, s'enfuit pricipitamment à travers la Bourgogne, jusqu'à Vienne ; et peu de temps après, il est contraint d'implorer le pardon de son père, toujours porté à la clémence. Ce prince débonnaire était alors dans le voisinage de notre ville (839). « Vers le mois de septembre, disent les chroniques de Saint-Denis, s'en alla l'empereur à Chalon. Là assembla parlement, si comme il avait ordonné. Là fu traité des besoignes de sainte Eglise et des besoignes du royaume communes et privées. »

La guerre recommença presqu'au sortir de ces conférences ; la mort même du malheureux prince fournit un nouvel aliment aux dissenssions intestines qui désolaient le pays.

Après le traité de Verdun, en 843, le comte de Chalon reconnut pour son souverain Charles le Chauve, à qui les clauses de ce traité célèbre attribuaient la France et la Bourgogne, moins les terres de la rive gauche de la Saône. Guérin mourut en 856. Son fils *Thierry* lui succéda dans le comté de Chalon, mais non dans celui de Mâcon. Ce n'était pas là toutefois une marque de défaveur, car Thierry fut au contraire honoré constamment de la confiance du monarque. Ainsi il l'assista de ses conseils au congrès d'Aix-la-Chapelle (870), et lorsque Charles se rendit en Italie pour ceindre la couronne impériale, c'est au comte de Chalon qu'il remit la garde de son jeune fils Louis, qui régna bientôt sous le nom de Louis II le Bègue. Notre cité reçut en même temps des marques éclatantes de la bienveillance royale. L'ancien palais des rois fut transformé en hôtel des monnaies, et divers services administratifs conservèrent à Chalon la prééminence dont cette ville jouissait sur tout le pays.

Louis le Bègue, reconnaissant des services que Thierry lui avait rendus dans son enfance, le nomma son grand Chambellan et, quelque temps après, lui donna le comté d'Autun. En 878, le pape Jean VIII, qui se rendait à Troyes pour y présider un concile, traversa Chalon sans s'y arrêter;

mais, à son retour, il resta vingt jours pleins dans notre ville.

L'évêque de Chalon mit à profit un si grand honneur et obtint du souverain Pontife de nombreuses faveurs spirituelles, au nombre desquelles nous devons ranger la canonisation de S. Agricole, de S. Loup et de S. Gratus. Chers depuis longtemps à la piété du peuple ces grands serviteurs de Dieu ne recevaient point encore les honneurs du culte public ; à partir du jour où le souverain Pontife les inscrivit au catalogue des saints, la vénération dont ils furent l'objet imprima un nouvel essor à la dévotion des Chalonnais, de même que leurs exemples étaient un stimulant puissant pour la pratique des vertus chrétiennes.

Thierry ne survécut que d'un an à Louis le Bègue, qui lui avait laissé la tutelle de ses enfants Louis III et Carloman. Le comté de Chalon, après une vacance d'un an, appartient ensuite à *Manassès de Vergy*, dit *le Vieux*. Quelques auteurs le donnent comme fils de Thierry ; quoi qu'il en soit, il suivit sa ligne de conduite et resta fidèle au roi Charles le Simple. Il accompagna Richard le Justicier, comte d'Autun, dans son expédition contre les Normands et eut une part glorieuse à la victoire remportée sur ces féroces pillards à Saint-Florentin , puis à Argenteuil, en 888.

C'était l'année où Eudes, fils de Robert le Fort, ceignait la couronne de France , tombée une première fois du front des Carlovingiens dégénérés. Son avènement au trône est regardé comme le prix de sa bouillante valeur au siège de Paris. Richard crut aussi que ses victoires lui donnaient le droit d'échanger son titre de comte d'Autun pour celui de duc de Bourgogne ; Manassès se contenta de son comté de Chalon, mais le transmit héréditairement à son fils *Gislebert*. Ce dernier épousa la fille de Richard et, plus ambitieux ou plus heureux que son père, devint duc de Bourgogne, lorsque Raoul, fils de Richard, eut franchi à son tour les marches du trône.

Plus tard Raoul et ses frères disputèrent la Bourgogne au comte de Chalon. Les guerres et les troubles, qui en furent la conséquence, empêchèrent Gislebert de défendre son comté contre l'invasion des Hongrois, en 937. La ville de Chalon fut dévastée et pillée à un tel point qu'elle se ressentit, dit-on, près de cent ans de ce terrible passage. Les abbayes de Saint-Pierre et de Saint-Marcel furent entièrement ruinées et les religieux massacrés ou dispersés.

Le calme rétabli, Gislebert prétendit s'emparer de l'abbaye de Saint-Philibert à Tournus, en lui imposant un de ses favoris pour abbé. Mais les moines n'hésitèrent pas à prendre le chemin de l'exil plutôt que d'accepter l'intrus ; l'évêque de Chalon et tous ceux de la province appuyèrent leur courageuse résistance et Gislebert céda.

Quelques années auparavant, deux conciles importants s'étaient assemblés à Chalon. Le premier tint ses séances, en 894, dans l'église de Saint-Jean-de-Maisel ; l'autre, en 915, au monastère de Saint-Marcel. Gerfroy, moine de Flavigny, accusé d'avoir empoisonné Adalgaire, évêque d'Autun, comparut devant les prélats assemblés à Saint-Jean-de-Maisel ; mais comme on ne put, malgré toutes les investigations, trouver un témoin qui prouvât sa culpabilité, il fut renvoyé absout. Toutefois, il dut, avant de rentrer dans son couvent, prêter serment sur la sainte Eucharistie qu'il était innocent du meurtre de l'évêque d'Autun et recevoir la communion en signe de réhabilitation.

Le principal objet du synode de Saint-Marcel était de faire restituer, sous peine d'excommunication, les biens ecclésiastiques usurpés par Raculfe, comte de Mâcon.

Gislebert renonça à ses droits au duché de Bourgogne, en faveur de Hugues le Blanc, qui avait épousé sa fille aînée et qui devait lui succéder. Le dernier des fils de Richard le Justicier, Hugues le Noir, voulut revendiquer pour lui ce fief de sa famille, mais il mourut avant d'avoir pu le ressaisir, et la Bourgogne passa, comme le trône de France, aux descendants de Robert le Fort. On sait, en effet, que Hugues le Blanc était petit-fils du vaillant comte de Paris et qu'il fut père de Hugues Capet, chef de la troisième dynastie de nos rois.

Gislebert (1), son beau-père, transmit en mourant le comté de Chalon à sa seconde fille, Véra nommée aussi Alice, laquelle épousa *Robert*, second fils de Herbert II, comte de Vermandois et de Troyes. Par son mariage, Robert devint comte de Chalon. Son administration, quoique très agitée, n'a pas laissé de souvenirs importants. Il mourut en 968, ne laissant qu'une fille en bas âge, Adélaïde de Vermandois. Cette jeune princesse garda néanmoins le comté, car elle le transmit plus tard à son époux, le comte LAMBERT, qui passe pour être le premier comte héréditaire de Chalon. Mais comme on l'a vu, la charge de comte s'était, depuis son apparition, perpétuée dans la même famille, sans même qu'une descendance féminine soit un obstacle insurmontable.

L'hérédité existait donc déjà en fait

----

(1) Gislebert n'était pas encore duc de Bourgogne qu'il affectait déjà des airs d'indépendance. Il se qualifiait de comte de Chalon *par la grâce de Dieu*, formule réservée aux souverains, et portait pour armes *bandé d'or et d'azur de six pièces, à la bordure de gueules*, ce qui constitua plus tard le blason de Bourgogne ancienne.

avant d'être sanctionnée par le droit. Mais lorsque, en 877, Charles le Chauve eut rendu le fameux capitulaire de Kiersy-sur-Oise, par lequel les fils des comtes devaient succéder à leurs pères dans leurs fonctions et dans leurs droits, le régime féodal envahit l'ordre civil et politique tout entier (1). Aussi bien, à dater du Xme siècle, toute société générale ayant disparu, il n'y eut plus à la place du pouvoir public que des propriétaires de fiefs relevant les uns des autres à divers degrés et formant une association qui partait de la tourelle de simple chevalier et aboutissait au donjon royal. Sur les degrés intermédiaires de cette vaste échelle nous trouvons bien les ducs, les comtes,

(1) « Les éléments les plus étrangers à la féodalité; l'Église, les communes, la royauté furent contraints de s'y accommoder. Les églises devinrent souveraines et vassales, les villes eurent des seigneurs et des vassaux; la royauté se cacha sous la suzeraineté. » (GUIZOT.) — Entrons dans quelques détails qui intéressent notre ville : La gruerie ou juridiction des forêts, les droits de péage, d'escorte, les places du change, les baraques des foires, les étuves publiques, aussi bien que les fours, les moulins, les pressoirs tout fut donné en fief.

les marquis ou comtes des frontières, les
vicomtes, tous héritiers des droits réga-
liens qu'ils avaient eus jadis en dépôt,
puis les barons et les chevaliers bannerets
et de haubert. Toutefois la hiérarchie
féodale n'exista qu'en théorie et ne fut
jamais régulièrement constituée. Les titres
n'impliquaient pas nécessairement le degré
de puissance.

Les comtes de Chalon, par exemple,
pouvaient rivaliser avec les plus grands
seigneurs du royaume. Leurs états comprenaient non seulement le Chalonnais en
deçà et au delà de la Saône, mais encore
le Charolais, qui était appelé par excel-
lence la « Baronnie de Chalon » et qui
plus tard fut érigé en comté en faveur
des fils aînés des ducs de Bourgogne, les
seigneuries de La Mothe-Saint-Jean, de
Bourbon-Lancy, de Montmort et tous les
autres fiefs au delà de l'Arroux.

Quant à la nature de leurs pouvoirs,
les comtes de Chalon exercèrent, en leur
propre nom, depuis Lambert, tous les
droits de la souveraineté ; à la fois chefs
politiques, militaires et judiciaires de leurs
vassaux, ils pourront édicter des lois,

lever des impôts, faire la paix ou la guerre,
rendre des sentences capitales, battre
monnaie, etc, etc. Seule l'autorité impres-
criptible de l'Église restreignit cette omni-
potence et arracha les âmes au joug de
fer, que l'organisation féodale fit peser
trop souvent sur les faibles et sur les
pauvres. Disons toutefois que le lien de
vassalité n'était formé qu'à des conditions
bien connues et acceptées d'avance. De
là ces grandes et fortes maximes de
droit public qui sont arrivées jusqu'à nous :
nulle sentence n'est légitime si elle n'est
rendue par les pairs de l'accusé, c'est le
jury moderne ; nulle taxe ne peut être
exigée qu'après le consentement des intéressés, c'est le vote de l'impôt.

Une autre conséquence heureuse du
régime féodal fut la réorganisation de la
famille : le père, dans l'isolement où chacun vivait, se rapprocha des siens, et la
femme put reprendre le rang que la loi
divine lui assigne au foyer domestique et
dans la société civile elle-même. Mais les
caractères surtout se trempèrent fortement au milieu des périls incessants de
cet âge. Jamais, nous pouvons bien le

dire, l'élévation morale des âmes n'atteignit un degré aussi éminent. Les vices bas, la lâcheté des peuples en décadence lui furent inconnus et il porta très-haut le sentiment de l'honneur. La noblesse féodale, les manants eux-mêmes savaient mourir, première condition pour savoir vivre.

Revenons au comte Lambert, fondateur de la maison seigneuriale de Chalon. C'était, disent les chroniques, un prince « digne d'éloges en tout et qui ne le cédait en rien à aucun souverain de la chrétienté. » Avant d'être comte de notre ville, Lambert possédait déjà deux comtés importants, celui de Valentinois, avec Valence pour capitale et tout le Bas-Dauphiné pour territoire, et celui des Allobroges ou de la Bresse avec Bâgé, près de Mâcon, pour résidence seigneuriale. Mais, s'il obtint, de préférence à une foule d'autres prétendants, la main d'Adélaïde de Vermandois, héritière du dernier comte de Chalon, ce fut moins à cause de ses vastes possessions territoriales qu'à cause de ses vertus et de sa bravoure guerrière. Il s'était particulièrement distingué dans une expédition dirigée contre les Auvergnats qui avaient envahi le Charolais , et il avait remporté sur eux une brillante victoire à Chalmoux.

Devenu comte de Chalon et baron du Charolais , il chercha dans ce dernier pays ce qu'il pourrait avoir de mieux à offrir au Seigneur , afin de lui témoigner sa reconnaissance. Le nom significatif d'*Orval* ou *Val-d'Or* frappa bientôt son attention et vint lui révéler l'endroit prédestiné à devenir une autre Terre promise pour tous les chrétiens. Sur les indications de S. Mayeul, abbé de Cluny, son ami, Lambert y fonda un monastère important, auquel il se contenta de donner le titre de Prieuré et qui a été l'origine de la gracieuse petite ville de *Paray-le-Monial*, si célèbre aujourd'hui dans le monde entier, depuis les révélations du Sacré-Cœur (973).

Le jour de la consécration du nouveau monastère, le comte Lambert le dota de biens considérables, églises, châteaux, manses, prés et vignes; il voulut encore le gratifier du corps de S. Gratus, évêque de Chalon, qui avait été enseveli dans l'église du prieuré de St-Laurent, au VIIe siècle. Mais l'opposition du clergé et des fidèles de notre religieuse cité obligea le comte à user de stratagème pour la translation de ces précieuses reliques. . Lambert mourut peu de temps après, loin du pays (988), et fut inhumé dans l'église du nouveau monastère. On peut dire avec un savant historien, que sans la fondation de Paray, « son nom serait d'autant plus ignoré que c'est précisément dans les actes de ce monastère qu'on trouve les éléments les plus nombreux et les plus précis de sa biographie (1). »

Adélaïde, sa veuve, conserva le titre de comtesse de Chalon et épousa en secondes noces un seigneur, nommé

---

(1) Le Cartulaire de Paray le qualifie de *nobilissimus*, *strenuissimus*, *magnificus*, *munificus comes*. La gloire de la cité du Sacré-Cœur rejaillit donc sur son fondateur, qui est en même temps !e premier comte héréditaire de Chalon. Comme si tout dans l'histoire des divines révélations devait se rapporter à notre ville, le savant et pieux jésuite qui soutint et guida la B. Marguerite-Marie, au milieu des contradictions de toutes sortes dont elle fut l'objet, le R. P. Claude de la Colombière appartiendra encore à une famille originaire de Chalon.

Geoffroi, lequel prit aussi le titre de comte mais sans désignation de territoire; on croît qu'il appartenait à la maison de Semur-en-Brionnais.

Le véritable successeur de Lambert fut son fils HUGUES I, qui était déjà dans les ordres, quand son père mourut. « Cette circonstance devait être un obstacle à son avénement, d'autant plus qu'il avait un frère du nom de Maurice, qui fut absolument écarté, on ne sait pourquoi. » Le roi Hugues Capet trancha la difficulté de sa propre autorité et obligea le prince clerc à prendre l'administration du comté. D'abord chanoine d'Autun, Hugues I, devint, en 999, évêque d'Auxerre, sans cesser d'être comte de Chalon. Il prouva plus d'une fois durant sa longue carrière qu'il savait également porter la crosse et l'épée. « Tour à tour prêtre et soldat, il présidait des synodes et commandait des armées, mais chez lui le comte l'emportait trop souvent sur l'évêque (1). »

Il n'hésita pas, en 1013, à entrer en campagne pour réprimer les incursions

(1) M. Canat de Chizy.

de Guillaume Barbe-Sale, comte de Mâcon,
sur les terres de l'abbaye de Cluny, à
laquelle le monastère de St-Marcel venait
d'être uni. Deux ans après, Hugues tint
une assemblée d'évêques et de barons à
Verdun-sur-le-Doubs, où, sur son initia-
tive, les seigneurs les plus illustres de
Bourgogne jurèrent la trève de Dieu (1).

De 1015 à 1025, le comte de Chalon ne
cessa d'aider de ses conseils et de ses
troupes Robert, roi de France, qui disputait à Othe-Guillaume la possession du
duché. Son intervention amena un arran-
gement, en vertu duquel le duché de
Bourgogne fut restitué au roi, mais les
comtés de Dijon et de Mâcon restèrent à
Othe-Guillaume.

Ce comte Othe, fils d'Adalbert, marquis d'Ivrée, était par sa mère, Gerberge,

______

(1) Il y fut ordonné, comme partout, que seraient
laissés dans une paix perpétuelle les églises, les
cimetières, les bœufs, les chevaux de labour, les
moutons et les agneaux,, les prévôts et maires de
village avec leurs maisons, les clercs, les moines,
les voyageurs. Pour les autres lieux et les autres
personnes, il y aurait trève depuis le mercredi au
coucher du soleil jusqu'au lundi à son lever et pendant les époques saintes de l'année.

8

le propre neveu de Hugues Ier. Celui-ci, tout en combattant ses prétentions ambitieuses, lui donna souvent des marques éclatantes de sa bienveillance. C'est lui, en effet, qui unit à l'abbaye de Fructuaria, près d'Ivrée, très aimée d'Othe-Guillaume, le Prieuré de Ste-Marie à Chalon, lequel était déjà de fondation ancienne. Il relevait auparavant de St-Bénigne de Dijon et lui fut rendu en 1087 ; plus tard il sera transformé en paroisse.

Nous ne dirons rien de la famine, qui désola la France et particulièrement la Bourgogne pendant les années 1030, 1031, et 1032 ; les détails horribles des crimes commis à Tournus et à Mâcon, sous l'impulsion de la faim, sont dans toutes les mémoires. L'évêque de Chalon et son chapitre, l'abbé de St-Pierre, le prieur de St-Marcel et leurs religieux vinrent avec un dévouement admirable au secours des pauvres faméliques. Hugues Ier distribua de son côté d'abondantes aumônes.

Quand la paix et la prospérité eurent été rendues à ses sujets, il mit à exécution un projet que sa foi lui suggérait depuis

longtemps, le pèlerinage de Terre sainte (1).
Il l'entreprit en 1036 et l'accomplit avec les
plus vifs sentiments de pénitence et de re-
pentir. A son retour, il s'appliqua à multi-
plierses bonnes œuvres et fît de nombreuses
largesses aux églises et aux couvents. La
ville d'Auxerre lui doit la reconstruction
de sa cathédrale, qu'un incendie avait
détruite. Sentant sa fin approcher, le
comte de Chalon se retira dans l'abbaye
de St-Germain-d'Auxerre, où il mourut,
revêtu de l'habit de moine, le 4 novembre 1039.

Son neveu THIBAUD de Semur, fils de
sa sœur Mathilde, lui succéda, après avoir
été longtemps déjà associé au gouvernement du comté. Il prit une part active aux
guerres entreprises par Robert, duc de

(1) La coutume de faire des pèlerinages lointains
était alors fort répandue et l'Eglise la favorisait non
seulement afin d'exciter la piété des fidèles, mais
souvent aussi parce qu'elle n'avait pas d'autre moyen
de réprimer la violence des seigneurs et des hauts
barons. Les pélerins étaient conduits processionnellement jusqu'aux limites de leurs paroisses. Ils empor-
taient une lettre de recommandation signée de l'évêque
et, dans tous les châteaux, on les recevait avec
bienveillance et charité.

Bourgogne, contre Renaud et Guillaume, comtes de Nevers et d'Auxerre. C'est grâce à sa valeur et son habileté que Robert finit par triompher de ses vassaux rebelles.

Des démêlés existaient depuis long-temps entre les abbés de Cluny et les évêques de Mâcon, au sujet des privilèges accordés par les Souverains-Pontifes au célébre monastère. La querelle s'étant renouvelée en 1063, le cardinal Pierre Damien, légat du pape, assembla à Chalon un concile composé de treize évêques, qui donnèrent raison à l'abbé du Cluny et condamnèrent les prétentions de Drogon, évêque de Mâcon. Vers 1065, le comte Thibaud passa en Espagne, probablement pour accomplir le pèlerinage de Saint-Jacques-de-Compostelle. Il y tomba malade et mourut à Tolosa, en Biscaye, mais il fut inhumé au prieuré de Paray, dont il avait été le bienfaiteur insigne.

Hugues II, son fils, était encore en bas âge quand il fut appelé à lui succéder. Un concile, présidé par un légat du St-Siège, fut tenu à Chalon sous son gouvernement (1073). Il assista ensuite lui-même à l'assemblée de Palleau, où Hugues, duc de Bourgogne, fit d'importantes restitutions au monastère de St-Marcel. Le jeune comte de Chalon avait épousé, presque au sortir de l'adolescence, une princesse de Bourgogne, Constance, dont il n'eut pas d'enfants. A l'exemple de son père il alla visiter le tombeau de S. Jacques et comme lui il ne revit pas sa patrie, étant mort prématurément durant son voyage.

Des trois filles du comte Thibaut, père de Hugues II, deux, Ermengarde et Mathilde, l'une femme de Humbert Ier, sire de Bourbon-Lancy, l'autre femme de Hervé, baron de Donzy, n'existaient plus. La troisième, Adélaïde, était veuve de Guillaume de Thiers. Les fils des trois sœurs avaient des droits égaux à la sucession de leur oncle Hugues II. Humbert II de Bourbon ne paraît pas avoir revendiqué les siens; mais Guy de Thiers et Geoffroy de Donzy ne renoncèrent pas aux leurs; un débat s'ouvrit et dura assez longtemps pour qu'Adélaïde ait dû gouverner le comté pendant l'interrègne. A la fin il fut stipulé que le comté resterait indivis entre les deux prétendants, qui tous deux eurent le titre de comte de Chalon. « Chose étonnante pour qui connaît l'âpreté des ambitions féodales, ajoute M. Canat de Chizy, ces deux dignitaires égaux vécurent en paix et moururent sans avoir tiré l'épée. »

Nous sommes arrivés au temps où l'Europe chrétienne va, au prix des plus généreux sacrifices, se précipiter sur la barbarie musulmane pour délivrer les lieux saints de l'horrible profanation dont ils étaient l'objet de la part des infidèles. Geoffroy de Donzy s'enrôla avec empressement dans la première croisade (1096). Avant de partir, il vendit à son oncle, Savaric de Vergy, sa part du comté de Chalon; mais celui-ci n'ayant pas assez d'argent engagea, pour parfaire la somme, la moitié de son acquisition à Gauthier, évêque de Chalon; c'est ainsi que le quart du comté devint la propriété de la manse épiscopale et que, depuis cette époque, les évêques de Chalon prirent le titre de comte.

Guy de Thiers ne fut pas moins zélé que Geoffroy et partit également pour la Terre-Sainte, où il se couvrit de gloire par ses prouesses. Le retour d'Orient des comtes de Chalon coïncida avec l'un des plus grands événements religieux de ce siècle, nous voulons parler de la fondation de Cîteaux. Quelques pauvres moines vinrent, sous la conduite de S. Robert, abbé de Molesmes, s'enfoncer dans une immense forêt du diocèse de Chalon, afin d'y mettre en pratique le pure règle de S. Benoît. Les observances extrêmement rigides des Cisterciens (1) devinrent un sujet de profonde édification en Bourgogne, où ces religieux exercèrent bientôt une influence prépondérante. L'évêque de Chalon, Gauthier, institua le 21 mars 1098, S. Robert abbé du nouveau monastère et le favorisa, lui et ses religieux, d'une constante protection. Ses successeurs eurent, comme lui, le privilège de bénir l'abbé de Cîteaux, qui était tenu en retour de leur prêter serment de fidélité.

GUILLAUME Ier, fils et héritier de Guy de

---

(1) Les religieux [de Cîteaux adoptèrent pour costume une tunique blanche et reçurent ainsi le nom de *moines blancs*, par opposition aux religieux de Cluny qui portaient le vêtement noir et étaient appelés bénédictins *noirs*.

Thiers, de concert avec Savaric de Vergy, fonda en 1113, dans la forêt de Bragny, aux portes de Chalon et de Cluny, l'abbaye de La Ferté-sur-Grosne, première fille de Cîteaux. Les deux comtes vouèrent à cette maison une affection généreuse, dont ils ne se départirent jamais. Mais Savaric, ayant perdu tous ses fils, vendit ce qui lui restait de sa part du comté de Chalon à Hugues II, duc de Bourgogne, et Guillaume en resta presque le seul maître. Nous ne tarderons pas de voir l'usage qu'il fit de cet accroissement d'autorité.

Sur ces entrefaites (1142), le trop fameux Abélard, digne précurseur des incrédules modernes, vint mourir au monastère de St-Marcel, après un court séjour à Cluny. Il fut enterré dans une chapelle du cloître, où on ne craignit pas plus tard de lui élever un riche mausolée; on sait que son corps fut ensuite réclamé par la complice de ses désordres, Héloïse, et qu'elle lui fit rendre les honneurs de la sépulture ecclésiastique dans son couvent du Paraclet.

En 1145, le pape Eugène III visita

Clairvaux pour honorer son ancien maître
S. Bernard, l'intrépide champion de la
foi contre les attaques insidieuses d'Abélard et le vengeur de la morale chrétienne
outragée. De Clairvaux le souverain Pontife descendit à Chalon, et pendant le
séjour qu'il y fit, il fut traité par le comte
et les habitants avec tout le respect dû
au successeur de S. Pierre.

Guillaume Ier n'avait pas les mêmes
égards pour les religieux de Cluny. « A
l'aide de grantplanté de Brabançons (il)
vint courrir sus à l'abbaye », tandis que
le comte de Mâcon, Girard, son allié,
réduisait l'évêque de cette ville aux
plus tristes extrémités. Le chateau de
Lourdon, forteresse de Cluny, tomba au
pouvoir du fils de Guillaume; l'abbaye
elle-même devint la proie des pillards.
Les évêques de Mâcon et Chalon implorèrent alors la protection du roi Louis VII
le Jeune, qui accourut à la tête d'une
armée afin de rétablir l'ordre dans les
comtés. Il s'empara de Chalon; de là il
marcha contre la ville de Mont-Saint-
Vincent, où Guillaume Ier s'était réfugié.
Le roi en fit le siège et l'enleva de vive

forcé ; puis il confisca le comté tout entier et le remit entre les mains du duc de Bourgogne et du comte de Nevers, qui l'avaient accompagné dans son expédition. Guillaume Ier mourut peu de temps après. Son fils Guillaume II, qui avait été le principal agent de la dernière guerre, alla avec sa mère trouver le roi à Vézelay, et implora son pardon qu'il obtint.

« Grâce à cette réconciliation, dit encore M. Canat de Chizy, quand le roi vint une seconde fois, en 1171, dans la province pour rétablir l'ordre de nouveau troublé par le même comte Girard et Josserand, sire de Brancion, il put traverser pacifiquement le comté et s'arrêter à Tournus... Le comte Guillaume II, enchaîné sans doute par les conditions de sa rentrée en grâce, s'était résigné à une tranquillité forcée ; mais, en 1180, le roi Louis le Jeune étant mort, il voulut profiter du relâchement d'autorité qui accompagne ordinairement tout changement de règne, et recommença, pour son compte, contre l'abbaye de Cluny, la guerre qu'il lui avait faite jadis au nom de son père. Le comte Girard, de son côté, reprit les armes contre l'évêque de Mâcon. Le roi Philippe-Auguste, obligé d'intervenir, entra bientôt en Bourgogne avec une grande armée, fit comparaître devant lui les deux comtes et prononça contre eux des jugements qui mirent fin à ces longs démêlés. »

Cette fois la paix fut de plus longue durée, et l'alliance que le comte de Chalon et le roi de France avaient contractée à Lourdon devint sincère et complète.

En effet, Guillaume II partit avec Philippe-Auguste pour la Terre-Sainte à l'époqué de la seconde croisade (1190); il en revint et mourut le 3 janvier 1203, laissant le comté de Chalon à BÉATRIX, sa fille unique.

Ainsi que nous l'avons déjà vu, la loi salique n'était pas partout en vigueur, voilà pourquoi la comtesse Béatrix put légitimement succéder à son père. Cependant JEAN, son fils aîné, qu'elle avait eu de son mariage avec Etienne, comte d'Auxonne, fut associé de bonne heure à son gouvernement.

Les brillantes qualités de ce jeune prince lui méritèrent le beau surnom de *Sage*. Il apaisa par sa prudence un conflit qui s'était élevé entre ses gens et les moines de Cluny. En 1231, il fit déclarer que tout homme établi depuis un an à Chalon avait le droit d'étaler et de vendre de la viande, sans que les bouchers pussent l'en empêcher. Cette charte importante reçut l'approbation de l'évêque et celle du duc de Bourgogne, ce qui la rendit obligatoire pour toute la ville. Mais soit que le partage du comté en plusieurs juridictions ait rendu impossibles les autres réformes que Jean le Sage méditait, soit que l'administration d'un seul lui parut plus avantageuse à la cité, soit pour tout autre motif, le comte de Chalon, du consentement de Mahaut sa femme, de son père Etienne et de sa belle-mère, abandonna tous ses droits à Hugues IV, duc de Bourgogne, en 1237, le lendemain des octaves de la Pentecôte. Jean obtenait en retour les seigneuries de Salins, de Bracon, de Villefans et d'Ornan, et conservait le titre de comte de Chalon pour lui et ses descendants. L'acte solennel de cet échange fut passé à Saint-Jean-de-Losne, et mit fin au comté héréditaire de Chalon, lequel fit désormais partie intégrante du duché de Bourgogne. Depuis lors, nos ducs ajoutèrent à leurs titres celui de comte de Chalon et d'Auxonne.

La charge de vicomte subsista jusqu'en l'année 1400, où le duc Philippe le Hardi en fit l'acquisition avec tous les droits qui en dépendaient. Parmi les vicomtes on remarque Robert de Vergy au XIe siècle, Guy de Damas, baron de Marcilly, en 1266. — Robert de Damas, petit-fils du précédent, a transmis à ses héritiers cette dignité qui était attachée à la tour de Marcilly, bâtie sur les anciennes murailles de la ville. (1)

Nous ne terminerons pas ce chapitre déjà un peu long sans dire en quelques mots ce que devint Jean le Sage, après son désistement. On sait qu'il fut la tige de l'illustre maison de Chalon, de laquelle sont sortis les princes d'Orange et les diverses branches de la famille souveraine de Nassau.

(1) Cependant remarque Perry, « les barons de Marcilly et les seigneurs de Saint-Loup-de-Varennes prétendaient en même temps à la qualité de vicomtes de Chalon ; mais la ville la leur a toujours contestée, et lorsqu'ils ont voulu l'usurper, les officiers du Roi la leur ont fait rayer. »

En prenant le titre de comte de Bourgogne, sire de Salins, etc, Jean conserva, comme nous l'avons vu, le nom de sa mère que ses descendants ont également rendu célèbre, mais il abandonna le vieux blason de notre ville et ne garda que les armes de son père « de gueules à bande d'or ». Lorsqu'il était paisible possesseur du comté de Chalon, il n'avait pas voulu, selon le P. Berthaud, en prendre les armoiries parce qu'il se proposait déjà de l'échanger ; il s'était contenter de faire paraître les trois cercles d'or au contre-scel de sa première femme, Mahaut de Bourgogne. Jean de Chalon eut de cette princesse un fils *Othon,* qui lui succéda au gouvernement de la Franche-Comté. *Robert*, fils d'Othon, n'eut pas d'enfant et *la* comté de Bourgogne fit retour au duché, puis passa à la maison d'Autriche, héritière des droits de Marie de Bourgogne.

Jean épousa en secondes noces Naheau de Courtenay, qui lui donna *Jean* de Chalon, comte d'Auxerre et de Tonnerre, lequel eut une nombreuse postérité.

Mais la descendance la plus illustre de

notre dernier comte lui est venue de son troisième mariage avec Laure de Commercy C'est la branche des comtes de *Chalon-Arlay*. Plusieurs d'entre eux tinrent en échec la formidable puissance des ducs de Bourgogne ; et, quand ils eurent hérité de la principauté d'Orange, ils se posèrent en rivaux des rois de France eux-mêmes. Guillaume III, roi d'Angleterre, appartient à la lignée de Jean de Chalon, aussi bien que ses ancêtres, les stathouders de Hollande. Nous devons également ranger parmi les descendants de nos vieux comtes, les princes de Nassau, qui ont joué et sont appelés encore à jouer un rôle si important dans dans les affaires de l'Allemagne et même de toute l'Europe.

CHAPITRE VI

LA COMMUNE DE CHALON

Révolution communale en France, ses causes, premier
essai de municipalité à Chalon. — Etablissement défi-
nitif de la commune : électeurs, pouvoirs des échevins,
privilèges des habitants de Chalon. — L'ancienne maison
de ville. — La haute enceinte. — Création du bailliage
de Chalon, son importance. — Ancienne Monnaie. —
Institution des foires, leur célébrité, police de la ville.
— Corporations industrielles. — Mœurs des Chalonnais.

La population des villes avait été malheureuse au IXme et au Xme siècle. Nous
avons déjà vu qu'après avoir été souvent
pillées, ravagées et presque détruites, au
milieu des guerres et des invasions de
cette époque troublée, les antiques cités
gallo-romaines avaient été abandonnées
par les hommes qui avaient la puissance
et la richesse. Au siècle suivant, leur
situation empira encore ; la vie, l'activité
sociale semblent s'être retirées derrière
les murailles des châteaux féodaux ; le
commerce, l'industrie et les arts, qui
seules donnent de l'importance aux villes,

avaient presque disparu. Chalon cependant avait joui d'une prospérité relative ; les habitants, les bourgeois, non plus seulement ceux qui· possédaient vingt-cinq arpents de terre, mais tous ceux qui étaient domiciliés dans la cité n'avaient jamais complètement cessé de s'occuper des affaires de la ville. Désignés sous des noms différents, *bonshommes, prud-hommes, notables, scabins* ou *échevins*, ils administraient les intérêts communs et assistaient le comte à son tribunal. Ils chercheront bientôt à accroître leurs privilèges, et demanderont même le rétablissement du régime municipal, toujours vivant sinon dans les faits au moins dans les souvenirs. Le XIIme siècle fut une époque de rénovation sociale universelle. Partout on voulut protester contre la force brutale qui avait fait la loi durant l'âge précédent.

Tandis que l'Église prêchait la Trève de Dieu et établissait pour la faire observer les milices paroissiales et diocésaines; tandis que la féodalité elle-même commençait à s'adoucir et à reconnaître un suzerain dans la personne du Roi; enfin tandis que la chevalerie se constituait sur les fortes bases de l'honneur et de la bravoure, il y eut, sur tous les points de l'ancienne Gaule, une sorte d'agitation sociale, qui poussait les populations urbaines vers la liberté. Ici, le mouvement communal s'opéra sans secousse et se réduisit à la restauration de l'ancien ordre de choses ; là, au contraire, la révolution fut violente et occasionna des catastrophes. A Chalon, il y eut une sorte de moyen terme. Les ducs de Bourgogne, qui venaient de succéder aux comtes dans l'administration de notre ville, prévinrent eux-mêmes les aspirations secrètes de leurs nouveaux sujets, et ils n'opposèrent à l'établissement de la commune qu'une lenteur calculée, plus ou moins tenace selon l'état des esprits.

Quoique abolies de droit, depuis la conquête franque, nos franchises municipales s'étaient perpétuées dans une foule de cas où l'intervention du comte, qu'on se dispensait de solliciter, eût été impuissante et odieuse. Aussi suffît-il aux bourgeois de Chalon de raviver leurs vieilles magistratures pour arriver, sans violence, sans brusque secousse, à l'établissement d'une commune. Il fallut cependant de longues années avant que l'entente entre les agents du duc, d'un côté, les bourgeois et l'évêque, de l'autre, fût complète et définitive. Ce n'est qu'au milieu du XIIIme siècle, en 1254, que les habitants de la ville préludèrent à l'affranchissement de leur commune (1) par la nomination de six bourgeois élus dans

(1) Le mot *commune*, que les uns font venir de *communia* (biens ou objets à l'usage de tous), les autres de *communion*, signifiait un lien accepté par un certain nombre d'hommes et avait pour synonymes les termes expressifs de confédération et de fraternité. Une commune au moyen âge n'était pas comme aujourd'hui une division territoriale du pays, et souvent même elle n'embrassait point tous les habitants de la ville. Les constitutions communales ou chartes d'affranchissement varient à l'infini ; « mais partout, dit un auteur, on trouve les bourgeois se réunissant par quartiers ou par corps de métiers, pour nommer les magistrats de la commune, *maires*, *jurés* ou *jurats*, *échevins*; portant les armes pour défendre leurs droits, tendant au coin de leurs rues tortueuses des chaînes, qui arrêtaient la cavalerie féodale, ne payant que les subsides qu'ils avaient librement votés pour les dépenses communales... »

une assemblée composée de deux cent huit personnes, en présence de l'official Thibaut.

Cet essai de municipalité à Chalon ne dura que deux ans. Le duc de Bourgogne, Hugues IV, le même qui avait obtenu de Jean le Sage la possession du comté, autorisa les habitants à remplacer les six bourgeois nommés « pour avoir soin des affaires de leur ville » par quatre échevins, élus annuellement au sein d'un conseil de huit prudhommes. Ceux-ci étaient choisis à leur tour par les habitants de la ville réunis en assemblée générale, la veille de la St-Jean-Baptiste, dans la grande halle et plus tard dans la salle capitulaire du couvent des Carmes.

« Les gens d'église, dit Saint-Julien de Balleure, gens de justice et practiciens (encores qu'ils fussent enfants de bourgeois) n'entroyent en l'hôtel-de-ville, s'ils n'y estoyent officiers ou expressément appelez pour avoir d'eux advis et conseil. Voire que par ancien privilège, les gens du duc (auxquels ont succédé les gens du Roy) sont exclus de telles assemblées ; et le vulgaire ne y faisait à recevoir ; aussi

admis ne y sert-il que de nombre et de
crieries trop importunes. Les centeniers
apportoyent les suffrages de leur centaine,
sans permettre indiscrettement un confus
amas de personnes, qui le plus souvent
sont plus poussez de fureur que de raison. » Une fois constituée la commune de
Chalon eut son sceau et ses armoiries
qu'on apposait sur tous les actes de
l'autorité municipale. L'écu portait les
trois fameux orbes ou cercles d'or sur
champ de gueules, lequel fut changé après
la réunion de la Bourgogne à la couronne,
en champ d'azur, qui est la couleur du
blason de France et aussi « la couleur du
ciel et où éclatent tant de beautez de
jour et de nuit. »

La charte communale accordée par
Hugues IV stipulait que les habitants de
Chalon choisiraient leurs échevins par
moitié dans la juridiction de l'évêque et
dans celle des ducs de Bourgogne, héri-
hiers des droits des anciens comtes. S'il
arrivait même qu'on ne pût pas trouver
assez d'hommes capables à l'intérieur de
la ville proprement dite, les électeurs
avaient le droit de nommer des bourgeois

de St-Laurent, des Échavannes, de Ste-Marie et de St-Jean de Maizel.

Dès leur institution, les échevins de Chalon jouirent des pouvoirs les plus étendus ; ils eurent le droit de rendre des ordonnances sur les marchandises et sur les corps de métiers exercés dans la ville et les faubourgs. La garde des clefs de la ville leur était confiée et, en temps de guerre, ils nommaient eux-mêmes le capitaine chargé de défendre la place. Les échevins avaient de plus la connaissance en premier ressort et conjointement avec le chapelain du duc de toutes les affaires civiles et criminelles, qui pourraient avoir lieu entre les habitants. Que s'ils ne peuvent tomber d'accord, le procès restera en surséance, jusqu'à ce que le duc lui-même vienne à Chalon ou qu'il y députe quelqu'un de sa part. Mais, en retour, les quatre magistrats municipaux étaient tenus de prêter serment de « bien et loyalement régir et gouverner en bonne police les affaires de la ville.... ; de maintenir les habitants en bonne paix et repos à l'honneur de Dieu, en l'obéissance du roi et l'utilité de la chose publique ; de faire en outre observer les édits royaux concernant les monnaies. »

Moyennant quinze sous payés annuellement par les plus riches citoyens, Hugues IV exempta, en 1234, les habitants de Chalon de la taille ou impôt foncier et des exactions de guerre. Ils purent « acquérir et posséder censes, rentes, terres et seigneuries en fief et franc alleu », sans être obligés « d'en demander la permission n'y d'en vider leurs mains ou payer quelque finance au roy. » Le même prince les exempta « de tout péage, tant par eau que par terre, à trois lieues de la ville » et leur accorda le droit gratuit « de chasser à cor et à cry et de pêcher dans la Saône à trois lieues de mesme distance. » « Leurs enfants, continue Perry, peuvent estre reçus sans enqueste en tous monastères d'hommes et de filles, où la qualité de noblesse est requise et réservée. Enfin ils ont privilège de ne pouvoir estre emprisonnez à Chalon pour debte civile, s'ils veuillent consentir à la vente de leurs biens. Ils ne peuvent être mis en prison pour un forfait, s'ils ont du bien pour garantir le corps et que le forfait ne soit punissable de mort. » « Dont est advenu, ajoute St-Julien de Balleure, que les Chalonnois sont communément nommez par leurs voisins nobles de Chalon. » On disait aussi les *riches de Chalon*.

Les magistrats de la ville jouissaient en outre de plusieurs privilèges honorifiques auxquels ils tenaient avec orgueil, comme d'assister à la messe, un cierge armorié à la main, dans le chœur même de la cathédrale le jour de la fête de S. Vincent, et à l'abbaye de S. Pierre, quelques jours après, en la fête de S. Loup, le 27 janvier. Aux processions de la Fête-Dieu, ils accompagnaient le S. Sacrement, tenant à la main une torche aux armes de la ville. On célébrait aussi, chaque année, dans l'octave de la S. Charles, une messe commémorative pour le repos des magistrats décédés et à laquelle les magistrats vivants étaient tenus d'assister.

L'échevinage, tel que nous venons de l'étudier dans sa formation et dans ses privilèges, se maintint sans modification essentielle jusqu'au milieu du XVI siècle ; nous verrons alors les habitants de Chalon solliciter et obtenir du Roi la création

d'une mairie ; mais la charte communale
resta comme la garantie d'un droit inalié-
nable. L'hôtel de ville reçut de nouveaux
embellissements ; cependant, sauf quelques
salles assez vastes, cet édifice n'eut jamais
rien de remarquable, et rien ne le distin-
guait des maisons particulières du quartier
Saint-Georges, où il était construit, si ce
n'est la tour du beffroi, que l'on aperçoit
d'assez loin et dans laquelle se trouve la
cloche qui servait à appeler les bourgeois
à l'assemblée.

D'importants travaux, entrepris sous le
roi Louis VII pour fortifier Chalon, avaient
précédé de plusieurs années l'établissement du régime communal dans notre
ville ; nous voulons parler de la *Haute
enceinte* construite vers la dernière moitié
du XIIe siècle, sur les murs gallo-romains.
Le tracé de ces remparts donnait à la cité
la forme d'un demi-ovale appuyé sur la
rive droite de la Saône ; des fossés profonds et des tours, éloignées les unes des
autres de quatre-vingts à cent pieds,
firent longtemps de cette enceinte supérieure un retranchement inexpugnable,
derrière lequel les Chalonnais pouvaient

vivre en pleine sécurité (1), à l'ombre de leur vieille cathédrale Saint-Vincent.

L'institution des baillis fut une nouvelle garantie de paix intérieure ; le domaine royal reconstitué par les premiers capétiens fut soumis pour la première fois sous Philippe-Auguste à une administration régulière. Il fut divisé en baillages et subdivisé en prévôtés. Les prévôts, magistrats inférieurs, étaient chargés de rendre la justice aux sujets du Roi et d'exiger

(1) La tour Lubert ou du Bourreau s'élevait sur le bord de la rivière, adossée au Châtelet ancien *castrum* romain, transformé plus tard en prisons ; puis venaient, en s'avançant vers l'intérieur de la ville, la tour St-Jacques, la porte au Change, flanquée d'un côté de la tour du Blé et de l'autre de la tour aux Poudres. La tour Saudon, fief de la puissante maison de ce nom et jouissant du droit de franchise, était dans l'emplacement actuel de la Gendarmerie, ancien séminaire de l'Oratoire. A peu de distance, se dressait la tour de Mussy ; la tour de Montaigu, voisine de cette dernière, était le patrimoine de la famille de ce nom, puînée de la maison de Bourgogne. Elle échut plus tard à la maison de Nemours dont elle prit le nom. Derrière l'église St-Georges, étaient la tour de St-Germain et les tourelles qui défendaient la porte de Beaune ou du Pontet. Le mur d'enceinte, dont la courbure s'accentuait de

d'eux le service militaire. Choisis dans l'ordre des chevaliers, les baillis devaient veiller à l'accomplissement des devoirs féodaux des seigneurs, juger les cas particuliers réservés au Roi et commander la chevauchée. S. Louis compléta l'œuvre de son aïeul et établit à Mâcon un grand bailli, dont la jurisdiction s'étendit sur toute la Bourgogne. A son exemple, le duc de Bourgogne, Hugues IV, institua un bailliage à Chalon, en 1244, pour tout le

plus en plus à partir de la tour de Montaigu, se dirigeait ensuite vers le nord pour revenir à l'est du côté de la Saône. On y remarquait une tour à chaffaut, puis la célèbre tour de Marcilly, qui appartenait aux Damas et à laquelle le titre de vicomte de Chalon était attaché. La porte de Limon ou Massonnière donnait accès sur le bourg du même nom, qui était la propriété des évêques de Chalon et était compris dans l'enceinte fortifiée; on en sortait par la porte de La Mothe. La porte Ste-Marie, voisine de la Saône, s'ouvrait sur le faubourg de ce nom; la porte du Cloître lui correspondait dans l'intérieur de la cité. Enfin la tour du Blé et la tour de Verdun plus tard la Chancelière ou Chancellerie commandait la rive droite de la rivière que longeait ensuite le rempart et où l'on remarquait la portelle aux Prêtres, la porte du Pont, la tour des Écorcheurs ou de Gaudes et la portelle du Châtelet.

comté et un autre à Dijon pour le reste de ses Etats. Le bailliage de Chalon, le plus considérable de la province, comprit, quand l'administration de la justice eut été hiérarchiquement organisée, six villes, dix bourgs, plus de deux cents paroisses, huit marquisats, huit comtés, dix-sept baronnies, cent quarant-quatre seigneuries, sept châtellenies, une prévôté et deux commanderies. Le premier bailli connu de Chalon fut Pierre de Corbigny, qui siégeait en 1244 ; le nombre des magistrats, dont se composait le tribunal de notre ville, devint bientôt très considérable ; mais on le réduisit ensuite. Ainsi, au-dessous du bailli d'épée, il n'y eut plus qu'un lieutenant général civil et qu'un lieutenant général criminel ; deux lieutenants particuliers, six conseillers, un avocat, un procureur du roi, un greffier en chef, un commissaire aux saisies réelles et receveur des consignations complétaient le personnel de cette importante cour de justice. En effet, le bailliage connaissait de toutes les causes et ses jugements, sauf les cas d'appel royaux, ressortissaient au Parlement de Dijon. Jusqu'au XVIIe siècle, il tint ses séances dans les bâtiments de la porte de Beaune, qui donnaient sur une place très-vaste nommée tour à tour le Bel, le Bal ou le Barle de Pontet ; mais, en 1613, il fut transféré au Châtelet nouvellement restauré. L'entrée principale de cet édifice était décorée de statues emblématiques, représentant les quatres vertus cardinales : la Force, la Justice, la Prudence et la Tempérance ; une cinquième statue y avait été placée en l'honneur de Louis XIII. A cette époque, le même palais servit aussi de tribunal à la Maîtrise des Eaux et Forêts appelée anciennement la *Gruerie générale* et qui était une des cours souveraines des ducs de Bourgogne. « Cinq châtellenies, dit Courtépée, portaient par appel leur cause à ce siège ressortissant nuement au Parlement. »

Nous avons vu plus haut que Chalon, à titre de *ville royale,* avait eu, sous les rois de la première et de la seconde race, son hôtel des monnaies. Les comtes héréditaires voulurent aussi avoir, comme princes indépendants , une monnaie frappée à leur coin et dont voici la drescrip-

tion : d'un coté , le nom du comte régnant ,
autour d'une croix à branches égales
cantonnée d'un fleuron au premier et
au quatrième canton et d'un annelet au
deuxième et au troisième ; de l'autre, la
légende CABILO CIVITAS et dans le champ
un B accosté de trois annelets et d'une
croisette. Vers 1227, le type des monnaies
de Chalon changea ; Jean le Sage, qui devait
être notre dernier comte, effaça du champ
le B qui n'était probablement que l'initiale
de *Burgundia*, et il fit frapper des espèces
qui portaient pour légende d'un côté
IOANNES COMES autour d'une croix et de
l'autre CABILLOCIVIS, autour d'un temple.
Dix ans plus tard, le même prince (1237)
vendit sa monnaie avec son comté à
Hugues IV, duc de Bourgogne, « et depuis
cette époque , dit M. Lebas , on ne trouve
aucune monnaie qu'on puisse attribuer à
Chalon. »

L'atelier monétaire de notre ville ne
cessa pas néanmoins de fabriquer des
espèces sonnantes. Robert II, fils et successeur de Hugues IV, ayant résolu de
rendre uniforme la valeur et le poids des
monnaies qui avaient cours en Bourgogne,

fit ouvrir des conférences où figurèrent les évêques de Chalon, d'Autun et de Langres, ainsi que les chapîtres des deux premiers évêchés. On y décreta que pendant deux ans tous les membres du clergé sans exception, les nobles et les possesseurs de biens fonds donneraient un dixième de leurs revenus pour subvenir aux frais de la nouvelle monnaie. Le menu peuple, soumis à la taille, y contribua en payant cinq sols chacune de ces deux années. Il fut décidé, en outre, que de deux en deux ans la valeur de cette monnaie serait constatée par les évêques de Chalon et d'Autun ou par leurs reprétants. Le faubourg St-Laurent de notre cité partagea avec Dijon et Auxonne le monopole de la fabrication des nouvelles pièces.

En même temps, Chalon recouvrait son ancienne importance commerciale; la navigation de la Saône, si longtemps délaissée, allait derechef unir les villes de la Provence aux cités industrieuses du Nord. Chalon offre par sa situation heureuse un entrepôt trop avantageux aux marchands étrangers pour qu'il ne lui aient pas donné de tout temps la préférence sur les autres ports de la Saône.

Aussi les foires de Chalon étaient-elles célèbres dans la chrétienté entière. Leur plus grande splendeur remonte aux règnes des ducs de Bourgogne de la première race, qui rendirent des ordonnances et octroyèrent des chartes pour en conserver et en augmenter l'importance. Les deux principales se nommaient l'une *froide* ou des Brandons, laquelle commençait le premier dimanche de Carême, l'autre *chaude* ou de la Saint-Jean. « Elles durent chacune un mois, dit Perry, et se tiennent encore à présent (1). » On les

(1) « Les faubourgs de la ville, durant leur plus grande vogue, n'étaient pas encore fermez de murailles. Il y avoit de grandes Halles, en la place des Carmes, et estoyent destinées pour y recevoir les marchands et leurs denrées. Elles estoient partagées en de grandes et de petites loges. Les marchands de soye des villes d'Arras, de Beaumont, de Puches et de Marville, estoient placez dans la grande loge de la Draperie qui estoit à l'entrée de la ville. Les marchands de Reims avoient leurs boutiques de suite et estoyent logés par moitié les uns d'un côté, les autres de l'autre. Les tapissiers les suivoient..... Les marchands des villes d'Ypres, de Gand, de Douay,

annonçait jusqu'en Lombardie et on y voyait venir la plupart des négociants non-seulement de la France, mais encore des principales villes de l'Europe.

de Tournay, de Valenciennes, vendaient en gros et estoient près les uns des autres. La ville d'Ypres estoit la première, les marchands de Chaalons, Aubenton, Troyes, vendoient en gros aussi bien que les marchands de Chimay, Huy, Namur, Saint-Quentin, Avesnes, Abbeville, Lyon, Malines, Paris, Provins et Beaune. Les marchands de Dijon avoient leur place au sortir de la grande Halle et vendoient en détail avec les marchands de Rouen et de l'Isle. Les marchands grossiers de Châtillon avoient leur quartier en la Pelleterie, vers l'abbaye de Saint-Pierre. Les selliers et les chapeliers estoient logés vers la porte au Change. Elle porte encore ce nom. Les grands changeurs de Mascon et de Lyon y avoient leurs comtoirs. Ils estoient de part et d'autre de la rüe et avoient pour voisins les changeurs des villes de Dijon, Beaune et Chalon. Tous les épiciers avoient un même département que les villes dont ils estoient venus. Les Allemands avoient leur quartier dans une maison sur la Saône, qui avoit divers étages. Les boutiques des épiceries qui se vendoient à gros poit estoient vers le Châtelet. Les tripiers avoient douze loges. On leur donnait du bois pour les faire et eux-mêmes y travailloient. Les boutiques des barbiers estoient dans le pré... Les terraux du Châtelet estoient réservez pour douze chambres, on y mettoit le fer et le cuivre. » (PERRY)

Le bailli ou le lieutenant général du bailliage, qui avait le titre de *maître-ès-foires,* faisait l'ouverture de la foire de la Saint-Jean, concurremment avec le maire de Chalon. L'un et l'autre s'avançaient en carosse; le bailli suivi des huissiers du bailliage tenait la droite et le maire marchait à gauche escorté par les sergents de la commune. Ces deux magistrats parcouraient ensuite les faubourgs s'informant si rien ne se commettait contre les ordonnances. Le bailli rendait en personne la justice et même devait siéger deux fois par jour; il connaissait de toutes les causes, à l'exclusion du châtelain, qui avait bien assez de garder la ville et de faire le guet tout le temps que durait la foire. « Mais ce qui est plus considérable, dit Perry, est que les autres villes de la Province et leurs magistrats estoient obligés de venir en personne à Chalon pour y faire la garde pendant la foire. Ils la faisoient à pié et le trompete de la ville la publioit par les quarrefours et les places publiques. Le premier jour estoit destiné pour le chastelain de Chalon, le second pour le vierg d'Autun et le prévost de Beaune, le troisième pour le prévost de Dijon, le quatrième pour le prévost d'Aussone. La garde de nuit se faisoit à cheval et par des hommes armez. Le vicomte devait en fournir trois, et de ces trois ceux de Bresse devaient pour luy en fournir deux. » Un des grands privilèges de ces foires c'est que, pendant toute leur durée, il était interdit aux huissiers d'arrêter pour dettes les habitants et les étrangers.

Si la commune était l'association de tous les bourgeois d'une même cité, le corps de métiers était l'association de tous les artisans de la même ville, exerçant la même profession ; c'était une commune au petit pied. Comme elle, il avait son administration intérieure, ses lois, ses privilèges, ses magistrats, ses revenus. On a dit aussi, non sans raison, que les corporations étaient une sorte de *chevalerie* de la classe ouvrière. De même en effet que pour être armé chevalier il fallait passer par une série d'épreuves très longues et souvent pénibles, de même, avant de devenir maître, il fallait d'abord avoir été apprenti, puis compagnon.

Ces corporations du moyen âge, contre lesquelles il a été de mode au siècle dernier d'élever les critiques les moins justifiées, sont devenues un objet d'admiration et d'étonnement pour tous les économistes contemporains. Elles unissaient dans une même famille les riches et les pauvres et établissaient une véritable fraternité entre les ouvriers d'un même métier. L'expérience de chaque jour atteste bien haut que ni les syndicats, ni les diverses sociétés de secours mutuels imaginées de notre temps ne sauraient rétablir au sein de nos cités industrielles l'entente et l'harmonie, qui n'ont pas cessé d'exister durant cinq siècles entre les membres de ces nombreuses confréries. C'est que la religion était leur appui, leur trait d'union ; elle leur donnait un patron, une châsse, une bannière consacrée, qui dans les processions étaient portées à la tête de confrères rangés sur deux lignes. Chaque corporation avait en outre sa chapelle à l'église, sa fête patronale, ses œuvres de charité en faveur des compagnons pauvres, des veuves d'ouvriers et de leurs orphelins.

A Chalon, les corporations ouvrières furent nombreuses et prospères ; elles activaient ainsi que les foires le commerce de la ville, mais surtout elles assuraient le bien-être et la concorde au sein des classes pauvres; la Révolution qui les a abolies a donc, sous le fallacieux prétexte de favoriser la liberté du travail, porté un coup mortel aux diverses industries *locales* et condamné l'artisan aux fluctuations si funestes des crises politiques et financières. Autrefois l'ouvrier pouvait envisager l'avenir avec confiance, car, à l'abri de la concurrence, il était assuré de ne jamais manqué d'ouvrage ; si les règlements exigeaient un apprentissage long et sévère, ils garantissaient aux membres de la corporation le monopole de leur industrie, de sorte que pour chaque profession le chiffre des *maîtres* étaient fixé par la corporation elle-même. Il résultait de là un écoulement certain des produits et un taux rémunérateur pour chaque objet ouvré, mais que justifiaient le fini et la perfection du travail. Les maîtrises se vendaient souvent fort cher à Chalon, principalement celles qui

se rattachaient en quelque sorte à une
charge publique. Un historien cite l'exemple des mouleurs de bois et des mesureurs
de charbon qui avaient retiré la somme
de dix mille livres pour la vente de leur
office. Ecoutons Saint-Julien de Balleure
tracer avec son style original le tableau
de notre ville à cette époque reculée.

« Je ne puis dire davantage que si jamais
ville fut bien policée, c'était anciennement
Chalon. On eût dit que chacun y avait
été logé comme par fourriers, selon la
différence de leur vacation. Il y avait une
rue pour les febvres, une du marché du
bled, une de la poullaillerie, une des
tonneliers, une des cloutiers, c'est-à-dire
faiseurs de clous, une du change, une de
la monnoye, une de la rotisserie, une
des prestres, une des nobles, et le reste
estoit pour les hommes de lettres, pour
les anciens bourgeois, marchands de
soyes, de draps et autres mestiers cois
et qui travaillent sans ennuyer du bruit
de leur voisinage.

« Les heures de servir à Dieu estoient
si sainctement parties et divisées que les
servants et servantes ne failloyent point

d'aller au lieu d'oraison, adoration et action de grâces publiques de bon matin. Les maistres, maistresses et enfants de famille ne failloyent point à leurs messes parochiales et autres heures principales, introduites pour exercer la piété des chrestiens ès jours de festes, lesquelles il est périlleux employer à mal faire. Tous vieillards estoient pères de la jeunesse, et n'estoit moindre honneur déféré aux anciens à Chalon que à Lacédémone. Les vices estoyent tant hays, que si quelque femme eut fait tache à son honneur, il ne fallait qu'elle espérast pouvoir trouver place avec les femmes de réputation et soigneuses de la conservation de leur bonne renommée. Telles femmes ainsi débouttées des bonnes compagnies, les autres craignoyent encourir même infamie ; et les hommes débordés à turpitude et à lasciverté ne trouvoyent commoditez correspondantes à leurs débordements. De faire usure ou donner deniers à fraiz, il n'en estoit nouvelles. Les seuls ecclésiastiques (auxquels toutes traffiques et négociations séculières sont défendues) avoient quelque permission de faire fruc-

tifier leur argent, mais ce n'estoit pour
en faire mestier. Tous les Chalonnais se
nommoient cousins qui est un mot abbrégé
de consanguins ; laquelle façon (encores
que la charité soit fort refroidie et la
charité ancienne diminuée) dure encore
entre plusieurs. Et de là procédait que
les alliances par mariages se dressoyent
plus par bienveillance, honnesteté et
estimation de la vertu que par avarice.
Aussi ces mariages contractés sur légitimes intentions recevoyent inviolable
loyauté ; et la parité des personnes conservait entre elles l'honneur conjugal, de
façon que l'une des parties n'avoit occasion
de dédaigner ou tenir l'autre en mépris.
Les enfants qui provenaient de si saints
et biens accordants mariages estoient
soingneusement nourriz en la crainte de
Dieu, instruits à le servir et obéir, honorer
père et mère, craindre les magistrats, les
hommes d'honneur, fuyr les vicieux, se
comporter avec ses pareils si gracieuse-
ment qu'il leur fut facile estre craigniez
d'eux attirer louange de leur bénignité et
honneste conversation. »

CHAPITRE VII

FONDATIONS MONASTIQUES

Caractère de l'époque. — Reconstruction de l'église cathédrale : le grand et le petit cloître St-Vincent. — La
Chancelière. — Droits et privilèges des évêqnes de Chalon. — Le chapitre de St-Vincent, nombre de chanoines,
principales dignités. — Collégiale de St-Georges, confrérie de ce nom. — Abbaye de St-Pierre, ses anciens
bâtiments ; sa dernière installation. — L'abbaye de
Lancharre. — La commanderie du Temple. — La commanderie de St-Antoine. — Confrérie des 52. — Le
couvent des Carmes, confrérie du St-Esprit. — Établissements de charité. — Les anciennes églises St-Jean-de-
Maizel, de Ste-Marie, de N.-D. de la Mothe, de St-Laurent.

L'ordre chronologique des événements
nous amène à parler des diverses fondations religieuses, qui avaient fait de
notre ville une sorte de cité monacale et
l'avaient ornée de splendides édifices.
Nous sommes au temps, où de toute
part on songeait à « couvrir le sol chrétien de la blanche robe des églises ».
On ne se fera jamais une juste idée,

dit Léon Gauthier (1), de cet empressement, de cette généreuse fureur : des populations tout entières s'ébranlaient pour construires des églises « tout en pierres et qui ne tombassent plus ». Les ouvriers donnaient leur temps, avec quelle joie ! les femmes et les enfants faisaient de petits tas de pierre ou re-

(1) Selon cet éminent professeur de l'École des Chartes « la construction des nouvelles églises dut mettre en rapport un grand nombre d'ouvriers du même métier, maçons, charpentiers, serruriers, couvreurs, etc... ; sous la conduite des prêtres ou des religieux, ils se constituèrent alors en autant de confréries qu'il y avait de métiers distincts et de patrons particuliers. Ces confréries survécurent à l'achèvement même de ces églises, près desquelles on les avait vues se former pour la première fois et prendre leurs premiers développements. De retour dans leur patrie, les ouvriers étrangers racontèrent aux anciens de leur métiers ce qu'ils avaient vu ailleurs, et donnèrent à entendre qu'il y aurait tout avantage, pour les ouvriers de tous les pays, à se constituer ainsi en corporations ou en confréries permanentes. Alors on recueillit avec soin les coutumes qui jusque-là s'étaient transmises oralement; on les écrivit, on les transforma en statuts, qui tôt ou tard furent soumis à l'approbation de l'autorité royale. »

muaient le mortier. Tout le monde travaillait, tout le monde chantait.

Le génie chrétien n'était pas à l'aise sous les formes lourdes et écrasées que le paganisme expirant lui avait léguées. L'arc du plein cintre se brisa, les courbes s'allongèrent, les colonnes s'effilèrent, la flèche s'élança jusqu'au ciel comme la pensée qu'elle exprime, la nef devint recueillie et mystérieuse, ses ornements variés symbolisèrent la nature prosternée devant le Christ, et les verrières coloriées de ses longues fenêtres racontèrent dans de splendides médaillons l'histoire du christianisme. Tels sont en quelques mots les caractères principaux des monuments que l'architecture ogivale avait élevés à Chalon et dont il ne reste plus que des débris. Hâtons-nous de dire cependant que la cathédrale St-Vincent a conservé en majeure partie les ornements de sa première réédification.

Vers la fin du XIIIe siècle, cette église était en très mauvais état et menaçait chaque jour les fidèles qui la fréquentaient. Les chanoines, qui par leur naissance appartenaient presque tous aux

plus illustres familles de la Bourgogne,
résolurent d'en commencer aussitôt la
reconstruction complète. Robert II de
Dezize, évêque de Chalon, était un prélat
très zélé ; heureux d'une décision qu'il
avait peut-être provoquée, il mit tout en
œuvre pour la seconder et rendit une
ordonnance, en vertu de laquelle le revenu de la première année de chaque
cure devait être employé aux travaux de
la cathédrale et de l'église de la Mothe.
Son successeur, Berthaud de la Chapelle,
prit une semblable mesure, en 1329. Tous
les fruits des églises paroissiales, qui
deviendraient vacantes, seraient consacrés
pendant dix ans au même objet. Nicolas
de Véris, l'ancien conseiller du roi Charles V, était à peine assis sur le siège épiscopal de notre ville, qu'il voulut terminer
l'œuvre commencée depuis plusieurs années ; il fit en 1386, la première et la
seconde voûte du chœur où l'on voit
encore ses armes. La troisième et la
quatrième, entreprises aux frais du chapitre, aidé de riches bienfaiteurs, ne
furent complètement achevées qu'en 1439,
sous l'épiscopat de Jean X Germain. Mais,

dès 1403, la nouvelle église avait été consacrée par Olivier de Martreuil, lequel y fonda une chapelle dédiée à S. Denis. Jean d'Arsonval, Hugues d'Orges et Jean Rollin, qui occupèrent successivement l'évêché de Chalon de 1413 à 1436, contribuèrent généreusement aux travaux d'ornementation de leur cathédrale.

Jean Germain, fils d'un bourgeois de Cluny et l'un des docteurs les plus célèbres de son temps, s'est acquis une gloire immortelle par la fondation de la chapelle si chère à la piété de nos pères et dédiée à sainte Marie de Pitié, dont le culte était déjà très répandu dans le diocèse de Chalon. A cette occasion, le savant et charitable prélat ordonna que tous les ans, le jour de la fête de saint André, trente pauvres seraient habillés à neuf et que des secours leur seraient distribués par les deux plus anciens chanoines et deux échevins.

Enfin, Jean XI de Poupet posa, en 1467, la première pierre d'une tour énorme qui devait renfermer la *Vincente*, cloche pesant dix mille livres, mais qui ne fut jamais terminée. Les deux tours actuelles qui flanquent la nouvelle façade de notre cathédrale n'appartiennent point à sa première restauration. Il n'y a guère que l'abside qui soit du pur style ogival du XIIIe siècle. Entre l'extrémité de l'arc des travées de la nef et les fenêtres, il existe une tribune à jour tréflée dans le goût du XIVe siècle, et surmontée d'une balustrade que compose une série de compartiments quadrilobés. On remarque, dans le sanctuaire, du côté de l'évangile, un dais couronné de trois clochetons, évidé à jour. Cette œuvre admirable de patience et d'art date du XVe siècle et rappelle par ses délicatesses les merveilles de Brou. Toutes les chapelles latérales, placées sous les contre-nefs, sont du XVe et du XVIe siècles.

Les bâtiments, qui s'élevèrent dans la suite à gauche et à droite de la cathédrale, formait ce qu'on appelait le *grand* et le *petit Cloître*. Le grand cloître, du côté de l'évangile (1), était la demeure de l'évêque.

______

(1) Nous devons dire que Saint-Julien de Balleure indique, sur le plan qui accompagne ses *Antiquités de Chalon*, le grand cloître de Saint-Vincent comme faisant suite au petit cloître, du côté de l'épître.

D'abord de peu d'importance, construit en partie sur les anciens murs de la ville, flanqué de hautes tours, dont une existe encore, il ressemblait dans son origine à une espèce de château fort. Bientôt les bâtiments prirent un développement si considérable qu'ils formèrent à eux seuls presque tout un quartier de la ville. On peut juger de l'importance du palais épiscopal de Chalon, devenu une propriété particulière, par ce qui reste aujourd'hui de l'édifice.

« Le petit cloistre du chapitre, dit St-Julien de Balleure, comprend toute l'église, le cloistre où se font les processions, la maison décanale, en laquelle sont les prisons du chapitre et neuf belles et amples maisons canonicales, dont la maison d'Emery ou Chancelière est une. » Il était attenant à la cathédrale du côté de l'épitre : la majeure partie des bâtiments a été malheureusement détruite ; cependant on voit encore à l'ancienne maison décanale une tour du XIVe siècle « d'une délicieuse intention, dit un auteur, couronnée d'une balustrade de pierre délicatement fouillée et vidée à jour. »

Malheureusement la fameuse tour Rolin, plus connue sous le nom de chancelière ou chancellerie, n'existe plus. Elle faisait, d'après St-Julien de Balleure, le coin du grand cloître et « estoit anciennement appelée la tour du blé. Mais vendüe à messire Nicolas Raoulin, chevalier, seigneur d'Emery, d'Anthume, etc., il luy donna nouvelle forme ; la feit rebastir tout à neuf, et la feit nommer maison d'Emery. Depuis luy devenu chancelier de Bourgogne, le vulgaire la nomma la chancelière et chancellerie (1). »

(1) Le duc de Mayenne et son fils logèrent à la chancellerie durant la Ligue, comme nous le verrons plus loin. « Depuis cette époque, dit M. Pérusson, notre maison perd tout lustre historique : elle n'a plus été habitée, sans doute, que par de pieux et paisibles chanoines. Un incendie en consuma la plus grande partie en 1791 et fit disparaître particulièrement le grand donjon, qui faisait le coin de la rue de la Providence. Il ne reste qu'une portion du bâtiment sur le cloître et sur la rue des Minimes jusqu'à la poterne ; portion qui, par les nouvelles générations, a été prise uniquement pour l'ancienne chancellerie, dont elle avait conservé le nom.... Tout ce qui reste de l'ancien monument est une statue de la Vierge, conservée dans une niche qui a été réservée sur l'angle de là maison, du côté du cloître. »

A son titre de comte l'évêque de
Chalon joignait des prérogatives importantes : il était le troisième suffragant de
la métropole de Lyon, et siégeait le
deuxième aux Etats de la province après
l'évêque d'Autun. Il était baron de la
Salle, où il possédait un beau château,
seigneur de Champforgeuil, de Fontaines
et autres lieux. Son bailli temporel rendait
la justice dans une partie de la ville et
dans un grand nombre de paroisses
rurales ; les appels de ce tribunal étaient
portés immédiatement au Parlement. Les
habitants de Fontaines étaient obligés, à
titre de vassaux, de payer à l'évêque de
Chalon les frais qu'il faisait lorsqu'il se
rendait à Rome et de lui compter chaque
année quinze livres pour aller saluer le
roi. De même, les habitants des faubourgs
de Ste-Croix et de St-Alexandre devaient
faire le guet et monter la garde à la porte
du palais épiscopal. Le prieur de Chivres
était tenu de payer annuellement à notre
évêque, le jour de la fête de S. Vincent,
six livres viennois et de donner une
livre d'encens ; le prélat à son tour remet-
tait à celui qui lui avait payé cette somme

et fait ce présent une coudée de bougie
et une mesure d'avoine. Signalons encore
la redevance singulière, mais fort peu
onéreuse, du moulin de Claval, situé sous
la première arcade du grand pont de la
Saône. Ce moulin appartenait à l'évêque;
et le tenancier reconnaît, en 1265, le posséder en fief et être obligé de ferrer tous
les chevaux du prélat et ceux de sa suite.

Lorsqu'un nouvel évêque était nommé
à Chalon, les moines de St-Pierre devaient le recevoir à son entrée dans la
ville et défrayer ceux qui l'accompagnaient.
Il se présentait ensuite à la porte de
Beaune, dite de la Basse-Enceinte, où
les échevins et les notables de la ville
l'attendaient; mais ils ne la lui ouvraient
qu'après qu'il avait juré de maintenir les
droits et les privilèges de la ville et de
ses habitants. Ce serment prêté, le prélat
était introduit en grande pompe dans nos
murs; l'abbé de St-Pierre le haranguait
ensuite et l'accompagnait avec ses religieux jusqu'à la porte de la Haute-Enceinte.
Là, le nouvel évêque était reçu par le
chapitre et le clergé de la cathédrale, en
grand costume de chœur, et conduit par

eux jusqu'à St-Vincent, où il était mis en possession du siège épiscopal. C'est seulement après cette imposante cérémonie qu'il était introduit dans le grand cloître ou palais épiscopal (1).

Nous avons déjà dit que le petit cloître était la demeure des chanoines.

Le chapitre de St-Vincent était, aux XIIIe et XIVe siècles, en si haute estime que les gentilshommes de la province

(1) Voici quelques extraits d'un procès-verbal des obsèques de Mgr de Madot, évêque de Chalon, qui pourront donner une idée de la pompe, déployée en cette occasion : « Le samedi, 6 octobre 1753, sur les deux heures du matin, mourut M. François de Madot, évêque et comte de Chalon, en son palais épiscopal. Le lendemain sept, il fut revêtu de ses habits pontificaux et exposé sur un lit de parade dans la chambre contiguë à la chapelle ; dans laquelle chambre étoient dressés deux autels où l'on célébroit successivement des messes, pendant les deux jours qu'il fut exposé. Le même jour la magistrature fut en corps lui jeter de l'eau bénite.

Le mardi suivant, jour des obsèques, les pauvres de la charité, ceux de l'hôpital des malades, les congréganistes, tous les religieux, même les capucins, le séminaire, les curés des paroisses, les chanoines de St-Georges et les religieux de l'abbaye de St-Pierre s'assemblèrent tous à la cathédrale d'où ils partirent

briguaient l'honneur d'y faire admettre leurs enfants. Pendant fort longtemps, il fallait justifier de plusieurs quartiers de noblesse pour y être incorporé. Les armes de ce chapitre étaient celles des premiers rois de France : un écu d'azur semé de fleurs de lys sans nombre. St-Julien de Balleure assure que, pour distinguer les armes du chapitre de Chalon de celles du chapitre de Mâcon qui étaient semblables,

pour venir processionnellement avec messieurs les chanoines de St-Vincent au palais épiscopal, où s'étoient rendus messieurs les magistrats avec plusieurs notables, bourgeois et marchands qu'ils avoient fait inviter... M. le doyen de St-Vincent fit la levée du corps...

L'ordre du convoi fut qu'après les processions de tous les ordres ci-dessus, marchoient sur deux lignes, immédiatement après messieurs les chanoines de St-Vincent, douze ecclésiastiques portant chacun un flambeau de cire blanche garni d'écussons aux armes du chapitre de St-Vincent, et six notables marchands portant aussi chacun un flambeau, garni d'écussons aux armes de la ville. Suivoit après le corps, porté par quatre prébendiers, et les coins du drap portés par quatre chanoines, les domestiques de M. l'évêque portant chacun un flambeau, les officiers de sa maison, savoir : l'aumônier, le secrétaire et le maître-d'hôtel. Marchoient ensuite les parents de M. l'évêque,

Pépin-le-Bref, avant de ceindre la couronne royale, ordonna que l'écu de St-Vincent porterait un bâton pastoral surmonté d'une fleur de lys d'or et que celui du chapitre de Mâcon aurait un S. Vincent d'argent.

Primitivement l'évêque et le chapitre de notre cathédrale vivaient ensemble ; leurs biens étaient administrés par un des membres de la communauté, sous le titre de *célérier* ou de boursier. Le doyen eut

et après eux les officiers du bailliage temporel et ceux des justiciers subalternes du dit bailliage ; messieurs les officiers du présidial, précédés de leurs huissiers, marchoient immédiatement après sur la droite, avec le corps de messieurs les avocats et les procureurs. Sur la gauche, messieurs les magistrats, précédés aussi des sergents de la mairie, et avec eux les notables bourgeois et marchands. Et étant entré en cet ordre à St-Vincent, le corps fut déposé sous la chapelle ardente, et après la célébration d'une grande messe, il fut porté au tombeau sur lequel messieurs de St-Vincent furent jeter de l'eau bénite, ensuite les parents, M. le major de la citadelle, en l'absence du lieutenant du Roi, et messieurs les magistrats et messieurs les officiers du présidial jetèrent en même temps de l'eau bénite, au moyen de deux bénitiers que l'on avoit fait mettre.

fort longtemps le titre et le rang d'abbé et était le vicaire-né de l'évêque ; puis, lorsque ce dernier et son chapitre ne vécurent plus en commun, le doyen devint le chef des chanoines. D'après un statut de 1317, chaque nouveau doyen était obligé de payer à son chapitre cent livres pour droit d'entrée dans la maison décannale et de donner une pitance en vin à cent pauvres avant de manger dans cette maison.

A l'origine, le chapitre de St-Vincent se composait de trente chanoines ; mais ce nombre fut réduit, à cause du malheur des temps, à 25 puis à 23 par suite de la suppression de deux dignités, la théologale et la préceptoriale.

Les autres dignitaires étaient : le grand chantre, lequel devait hommage à l'évêque ; les archidiacres, qui ne relevaient que du prélat et étaient à sa disposition ; le trésorier, jadis personnage très important. Il avait, dit-on, le droit de se placer au chœur habillé en laïc, l'épervier sur le poing et des éperons dorés aux talons. Huit chanoines, nommés *Vidames,* avaient l'administration des seigneuries du chapitre, en défendaient les droits et y rendaient la justice, sauf appel.

Jusqu'à la fin du XVIIᵉ siècle, les chanoines de notre cathédrale siégeaient selon l'ordre de leur réception, qu'ils fussent prêtres ou diacres, parce que S. Vincent n'était que diacre ; antérieurement à François Iᵉʳ, ils élisaient eux-mêmes l'évêque.

Comme corps constitué, le chapitre jouissait d'une jurisdiction particulière en matière de discipline et de correction : il pouvait l'exercer à l'égard du doyen, du chantre et des simples chanoines et procéder contre le coupable « jusqu'à la privation du chœur, habit, prébende inclusivement sans procès, à la charge de l'appel au métropolitain. » En cas d'affaire criminelle, un official et un vice-gérant nommés par l'évêque et le chapitre, un promoteur, un greffier et un appariteur, élus par le chapitre seulement, étaient chargés d'instruire et de juger dans l'espace de huit jours. Quant aux procès de simples délits, ils ne dépassaient point la compétence du grand chantre chargé aussi de juger les causes civiles des habitués (1).

Nous devons mentionner à la suite du vénérable chapitre de St-Vincent la collégiale St-Georges, dont l'église, aujourd'hui détruite, était située dans la rue de ce nom. Elle était de fondation très ancienne ; au XIVe siècle, Odard de Montaigu, cousin de Hugues IV, duc de Bourgogne, y établit un collège de douze chanoines, à la tête desquels était un doyen, et qui

(1) Voici d'après Courtépée quelques usages anciennement observés au chapitre de St-Vincent :

« Après vêpres en carême, on lavait les pieds à 13 pauvres et on leur faisait l'aumône. Le dimanche des Rameaux, la procession allait en la grande place où les moines de St-Pierre avaient dressé des tables couvertes de tapis pour y déposer les reliques. Le retour se faisait par la rue des Juifs (Grand'Rue), auxquels on jetait des pierres pour avoir crucifié le Sauveur ; d'où s'est conservée la coutume parmi les enfants de frapper encore avec des pierres aux portes, en précédant la procession, qui se fait toujours le dimanche des Rameaux.

Autrefois à matines, le jour de Pâques, deux enfants habillés en anges, une baguette à la main, se plaçaient à côté de l'autel ; deux autres, sous la figure des Maries, en chapes blanches, tenant un encensoir, la tête couverte d'un voile blanc, étaient debout devant l'autel. Les anges leur disaient en chantant : *quem quæritis ?* Elles répondaient : *Jesum*

obtinrent, en 1452, l'usage de l'aumusse semblable à celle de messieurs de St-Vincent. La noblesse chalonnaise créa dans l'église de cette collégiale, une confrérie, où seuls les gentilshommes de quatre races pouvaient entrer ; au moment de partir pour la guerre, les membres de l'ordre venaient à St-Georges faire bénir leur vaillante épée. C'est ce qui explique

Nazarenum, etc. Les Maries, en se retirant, chantaient : *Alleluia* et l'évêque entonnait le *Te Deum*.

Pendant les huit jours des O de l'Avent, après les avoir chantés, le chœur allait au réfectoire en procession, précédé de deux thuriféraires, et on sonnait la grosse cloche ; on donnait à chacun un verre de nectar et de vin.

A Noël et à la St-Vincent, l'évêque fournissait tout le foin nécessaire au chœur ; c'était la *Jonchée* de paille, comme on l'appelait ailleurs, dont on couvrait le pavé pour diminuer le froid, car alors il n'y avait point de bancs dans les églises. On remarque que celle de Chalon n'a jamais célébré la fête des *Fous*, si commune ailleurs, mais seulement celle des *Innocents*. On y chantait aux grandes fêtes des épitres mêlées de vieux français et de latin, *epistola farcita*... Les chanoines font une procession tous les dimanches, avant tierce, autour du cloître... Le semainier asperge d'eau bénite les portes par où l'on entrait au réfectoire et aux autres lieux claustraux quand ils vivaient en commun. »

le nombre et l'étendue des donations diverses qui furent faites en faveur des chanoines. L'un d'eux était chargé du service spirituel de la paroisse, à laquelle celle de St-André, située près de l'Arquebuse, fut unie, vers 1577.

Dans le même quartier, au nord-ouest de la ville, s'élevait jadis la célèbre abbaye de St-Pierre, dont nous avons déjà dit un mot, en parlant de sa fondation (VIe siècle). « Elle estoit, dit Perry, fermée tout à l'entour d'une haute muraille... et entourée de larges et profonds fossés avec deux ponts. L'un estoit un pont levis pour entrer dans l'église et dans le cloistre et de là dans la maison des moines ; l'austre estoit un pont dormant pour entrer au logis de l'abbé... L'église estoit au dedans du donjon : l'édifice en estoit fort long et fort large et des plus hardis qu'on pût voir (1)... Il y avoit deux hautes

(1) Plus loin, Perry donne de l'ancienne église de St-Pierre la description suivante :

« Le portail estoit fort magnifique et fort somptueux. Il estoit éclairé d'une fenestre de la hauteur de trente piez et de quinze en largeur... Il y avoit dans l'église plusieurs chapelles et divers autels,

tours qui servoient de clochers : dans l'une il y avoit deux grosses cloches et quatre plus petites dans l'autre ; elle estoit ornée de plusieurs pièces antiques. et assez curieuses. Le cloistre estoit à un de ses côtés, dont il reste encore quelques piliers ; il estoit formé d'un beau préau en quarré. Au milieu, il y avoit un puits fort profond, assorty au-dessus d'une haute croix de pierre de taille avec des images tout autour. Au sortir du cloistre et à main gauche vers l'église, il y avoit un bastiment bien solide et fort élevé ; le chapitre estoit au bas et le dortoir au-dessus. Du mesme costé, de la main gauche et tout contre le chapitre, il y avoit une porte, par laquelle l'on entroit dans une cour appelée de St-Denis. Les maisons des principaux officiers estoient

et à l'entrée du chœur une tribune avec des orgues et au milieu un crucifix qui fut bruslé par les Huguenots. De chaque costé du chœur, il y avoit en haut vingt-quatre sièges et treize en bas, d'excellente menuiserie. Le plus beau et le plus pompeux de l'église estoit le grand autel garny d'un tableau de menuiserie la plus belle du monde, tout couvert de fin or, qui représentoit le mystère de la nativité du Sauveur avec les personnages en relief. »

tout alentour. La chapelle de St-Denis
estoit bastie de mesme façon que l'église
et le chapitre... Au dehors de cette cour
de Saint-Denis il y avoit en sortant à main
gauche une grande tour quarrée avec ses
fenestres, larmiers et cheminées faites de
pierre de taille ; le réfectoire grand, large
et spacieux estoit auprès de cette tour...
Le logis de l'abbé estoit tout contre. Il y
avoit plusieurs chambres, salles hautes et
basses, caves, cuisines, greniers et autres
appartements fort commodes. Au milieu il
y avoit une belle cour pavée et tout autour
de belles et grandes galleries pour aller
à l'église et vers le portail, qui autrefois
y servoit d'entrée. »

L'entrée principale de ce monastère,
qui avait autant l'aspect d'une forteresse
que d'une maison religieuse, se trouvait
au nord ; la partie opposée faisait face à
la ville, mais n'avait aucune ouverture et
ne présentait au regard que des fossés
et des rempárts nus. Nous verrons plus
loin que François Ier en affaiblit beaucoup
les moyens de défense, en s'emparant
d'une partie des dépendances. « C'est ce
qui explique, dit M. Fouque, comment

ce monastère, réputé imprenable sans le secours du canon, fut enlevé et dévasté, en 1562, par une poignée de Huguenots.»

L'année suivante, l'abbaye de St-Pierre fut transformée en citadelle par ordre de Charles IX ; les moines n'ayant pu se maintenir au château de Germolles, que le roi leur avait donné en échange, rentrèrent dans la ville par crainte des protestants. Unis d'abord aux Antonins, ils se retirèrent ensuite chez les Carmes, où ils ne séjournèrent pas longtemps. Enfin, après avoir tenté en vain de s'incorporer au chapitre de St-Vincent, ils se déterminèrent à bâtir une église qui fut consacrée en 1580. L'abbaye recouvra bientôt avec son antique discipline sa première ferveur et, dès 1662, elle s'unissait à la congrégation de Saint-Maur qui, comme on le sait, ranima en France l'ardeur des savantes compilations et le goût des travaux historiques. Le noviciat des bénédictins de St-Pierre fut transféré à Chapaize entre Lancharre et Cormatin. Leur chapelle étant devenue trop petite, il fallut songer à la réédifier de nouveau. C'est l'église qui orne aujourd'hui l'une des faces de la place St-Pierre et sert aux besoins spirituels de cette paroisse (1).

Un autre monastère non moins vénérable, par la date reculée de sa création et situé dans le voisinage du précédent,

(1) « Les proportions de notre église, dit M. Fouque, sont belles et élégantes : la figure de la croix latine y est largement dessinée, et l'abside est spacieuse comme dans toutes les églises destinées à recevoir un chœur nombreux de moines. Les pilastres, d'ordre corinthien et construits dans toutes les règles de l'art, supportent l'entablement à plates bandes des Grecs, et au-dessus duquel s'élève un second étage de pilastres plus simples, unis par le cintre romain. Sur quatre piliers octogones, d'un bel effet, surgit un dôme gracieux, qui a su éviter, par ses proportions et sa forme octogone, le double inconvénient auquel échappent rarement les dômes : l'exiguité et la lourdeur. C'est surtout lorsqu'on est placé à une certaine distance et que les lignes des tours des autres édifices se confondent dans le lointain, que la beauté de ce genre de construction ressort le mieux. On jouit également d'un beau coup d'œil à l'intérieur ; les fenêtres sont élevées à cent pieds au-dessus du pavé et leur jour, qui semble être pris dans le ciel, fait ressortir admirablement toutes les beautés du temple. Le dôme a été pris pour point de mire par Henri-Félix de Tassy, évêque de Chalon, lorsqu'il a fait planter d'arbres le belle levée de St-Marcel, au commencement du XVIIIe siècle. »

était l'abbaye de Lancharre. Avant son établissement à Chalon, ce n'était qu'un prieuré de l'ordre de S. Benoît, fondé au village de Lancharre, près de St-Gengoux-le-Royal, au XIe siècle, pour des chanoinesses nobles, qui relevaient directement du souverain Pontife. Le prieuré du Puley, entre St-Micaud et Germagny, en était une dépendance et lui fut ensuite réuni. Mais les dangers incessants que couraient de simples religieuses au fond d'une campagne isolée décidèrent, en 1626, Marie du Blé d'Uxelles à transférer sa communauté à Chalon. Elle y vint sous l'épiscopat de Cyrus de Thyard, avec le titre d'abbesse, et installa ses sœurs dans les bâtiments connus depuis sous le nom d'abbaye de Lancharre. Pendant la Révolution, ils devinrent, ainsi que l'église et le cloître, une propriété particulière.

Le même quartier de la ville renfermait une commanderie du Temple, dont la fondation remonte au XIIe siècle. On connaît les circonstances qui amenèrent la création des ordres militaires chargés de la défense des Saints Lieux. Longtemps ils servirent la cause de la civilisation

chrétienne par leur vie et par leur mort.
Les Templiers et les Hospitaliers ou chevaliers de St-Jean furent les derniers à
combattre en Palestine, jusqu'au jour où,
soldats délaissés par l'Europe, ils se virent
forcés d'abandonner la Terre Sainte, qui
avait bu le plus pur de leur sang. Nous
n'avons point à dire ce qui amena la
suppression des Templiers que le dernier
comte de Chalon, Jean le Sage, avait
comblés de faveurs.

Leurs biens passèrent aux chevaliers
de St-Jean, dans le grand prieuré de
Champagne ; la commanderie de Chalon
et ses dépendances relevèrent désormais
de cette nouvelle jurisdiction. Les bâtiments en étaient très considérables, et
c'est dans leur principal enclos que se
tenait la foire aux fers. L'église fut rebâtie,
en 1407, et la voûte refaite en 1769. « Tout
dans cet édifice, dit M. Fouque, annonce
qu'il appartenait à un ordre militaire, les
fenêtres, les principales décorations sont
en forme de fer de lance. »

La commanderie de St-Antoine, qui
devait encore revenir à l'ordre de St-Jean,
fut établie, en 1289, dans le quartier

St-Georges, pour soulager les malades, atteints du feu St-Anoine (1). Lorsque les Antonins n'eurent plus d'infirmes à soigner, leur couvent fut transformé en un bénéfice simple possédé par un religieux. L'église St-Antoine était située en face de l'église St-Georges, de sorte que du chœur de l'une on pouvait voir le chœur de l'autre. On fit plus tard de grandes réparations à l'église St-Antoine et on y établit la confrérie dite des *cinquante-deux* en l'honneur de S. Sébastien et de S. Roch. Les historiens ne sont pas d'accord sur l'origine de cette association pieuse ; selon les uns, elle aurait été instituée à la suite de la peste, qui ravagea le royaume, en 1347, et qui ne laissa que 52 chefs de famille à Chalon ; selon les autres, elle aurait été fondée, en 1495, par suite d'un vœu de la ville à S. Sébastien ; 52 per-

(1) Le feu St-Antoine était une épidémie contagieuse qui désola l'Europe vers la fin du XIe siècle et que quelques savants croient être le choléramorbus. On l'appela ainsi parce que les malades invoquèrent avec succès le secours de S. Antoine. Ce fléau fit de grands ravages à Chalon au XIIIe siècle.

sonnes s'étaient unies ensemble pour secourir les pestiférés. Après la suppression des Antonins, leur commanderie fut donnée aux chevaliers de St-Jean et la confrérie transférée chez les Minimes.

L'établissement des Carmes à Chalon remonte à l'année 1324. Installés d'abord dans une petite chapelle, située hors de la ville, ils furent contraints par un violent incendie qui dévora leur maison de se réfugier aux halles. Mais comme cet édifice servait aux élections des échevins et des prud'hommes, les Carmes, en l'appropriant aux besoins de leur communauté, s'engagèrent à céder chaque année une de leurs salles pour y tenir l'assemblée des électeurs, ce qui a toujours eu lieu depuis. Les Chalonnais, ardents catholiques, créèrent dans l'église des Carmes, afin de s'opposer aux progrès du protestantisme, la célèbre confrérie du St-Esprit, qui fut en quelque sorte le noyau de la Ligue en Bourgogne. C'est aussi dans la grande salle des Carmes qu'ils jurèrent tous fidélité à la Ligue ou Ste-Union (1).

(1) Après la Révolution, le couvent des Carmes a

Terminons cette trop rapide énumé-
ration des établissements religieux de
notre ville par quelques mots sur l'assistance publique à cette époque reculée et
sur d'anciennes églises aujourd'hui détruites. Le premier hôpital de Chalon
remonte, à ce que l'on croit, au temps de
S. Agricole. Il était situé au faubourg de
Ste-Croix, près du pont de Pontet, et
portait le nom de Maison-Dieu de St-Eloy.
Au nombre des bienfaiteurs de cet antique
hospice il faut citer entre mille l'évêque
Berthaud de la Chapelle qui lui céda des
vignes en 1317.

Le faubourg St-Alexandre possédait
également une maison de charité près du
pâquier Mariange. C'était l'hospice St-
Jacques destiné aux pauvres pèlerins,
ainsi qu'aux lépreux, si nombreux durant
la période des croisades et les siècles
suivants. Voilà pourquoi, une seconde
léproserie fut établie dans le voisinage de

servi de Palais de Justice. Aujourd'hui, une nouvelle
métamorphose l'a transformé en Hôtel-de-Ville.
L'église était également située place St-Pierre, au
coin de la rue du Port-Villiers, se prolongeant ainsi
que le monastère jusque dans la rue de Lyon.

l'église St-Jean de Maizel, qui en a probablement tiré son surnom, les lépreux ou ladres ayant été appelés *maizeaux*.

Cette église, bâtie hors de l'enceinte des vieux murs, était un prieuré dépendant de Cluny ; le titulaire étendait sa juridiction sur tout le quartier méridional de la ville ; entre autres droits il avait celui de percevoir à la foire chaude cinq deniers sur chacun des bancs et des étaux à l'usage des marchands. Devenue une propriété particulière à la Révolution, l'église St-Jean a été, en 1789, la proie d'un violent incendie.

L'église et le prieuré de Ste-Marie, dont nous avons déjà parlé, étaient situés à l'extrémité opposée de la ville et relevaient de l'abbaye de St-Bénigne de Dijon ; aussi étaient-ils non de la justice de l'évêque de Chalon mais de celle des ducs de Bourgogne. Plus tard le curé-prieur, de nomination royale, eut le droit de siéger aux Etats de la province. Il avait également la faculté, moyennant une redevance, de prendre dans les paquis appartenant à la ville les terres qui lui étaient nécessaires pour alimenter une tuilerie qu'il possédait sur le bord de la Saône.

L'église Notre-Dame de la Motte, connue aussi sous le nom de Notre-Dame de Pitié, n'était qu'à une faible distance de la cathédrale de St-Vincent ; nous avons vu un évêque de Chalon, Jean-Germain, lui porter un pieux intérêt, car elle avait été le berceau de la touchante dévotion à la Mère de douleurs.

Le faubourg Ste-Croix possédait également son sanctuaire, lequel fut démoli lorsqu'on a fortifié cette partie de la ville.

On dit que St-Laurent jusqu'au VIIe siècle n'était qu'une île déserte. S. Gratus et ses sucesseurs aimaient à s'y retirer pour vaquer plus librement à la méditation. Leur oratoire devint peu à peu une grande église, laquelle fut placée sous le patronage de S. Laurent et donna son nom à la ville qui vint se grouper autour d'elle. Erigée ensuite en prieuré, elle fut unie au monastère de St-Marcel, puis, après le passage des Hongrois, à l'abbaye de l'Isle-Barbe. Jadis le prieur députait aux états d'Auxonne, « sa paroisse, dit Courtépée, étant dans vicomté, et quelque fois

les états se sont tenus à St-Laurent ». En
dernier lieu il avait le droit de siéger aux
États de Bourgogne.

Rappelons à cette occasion que lors du
partage de l'Empire, fait à Verdun par
les fils de Louis le Débonnaire, St-Laurent
devint une ville de la Bresse chalonnaise,
ayant une communauté distincte et sépa-
rée de toute autre. « Entre autres privilèges, ajoute le même auteur, les habitants avaient le droit de franchise et
pouvaient se réfugier entre les murs de
la cité. » Le pont qui relie le faubourg
à la ville fut longtemps orné en son
milieu d'une chapelle dédiée à la Ste-
Vierge et connue sous le nom de *Chapelle
à la Pie*. Elle était posée en cul-de-lampe
sur l'un des piliers des arches, et pouvait
contenir vingt personnes. Tous les matins,
un prêtre y célébrait le saint sacrifice,
à l'intention des voyageurs de la Saône.

Lorsque le moment en sera venu, nous
compléterons cette liste des établissements
religieux de Chalon, ceux dont il nous
reste à parler étant de fondation plus
récente. La suite des faits nous ramène
au XIVe et au XVe siècle.

CHAPITRE VIII

CHALON ET LES DUCS DE BOURGOGNE

Fin de la première maison de Bourgogne. — Le roi Jean
à Chalon. — Les ducs Valois de Bourgogne. — Les
grandes compagnies à Chalon. — Philippe le Hardi, ses
divers séjours à Chalon. — Charles VI, Jean sans Peur
et les Chalonnais. — Philippe le Bon protège Chalon
contre les Armagnacs et contre les Ecorcheurs. — Fêtes
et tournois, les corporations militaires, le Pas d'armes.
— Charles le Téméraire et Louis XI. — La Basse-
Enceinte.

La première maison ducale de Bourgogne s'était éteinte en 1361 (1). Engagée,
depuis l'avènement des Valois au trône,
dans une guerre funeste qui devait durer
un siècle, la France gémissait alors sous
le poids de l'invasion anglaise. L'état du
royaume semblait désespéré ; à la vérité,

(1) Issue de Robert, frère du roi Henri I, elle a
donné à notre belle province douze ducs, de 1032 à
1361 : *Robert 1* dit *le vieux, Hugues I, Eudes I, Borel,
Hugues II*, Eudes II, *Hugues III*, Eudes III, *Hugues IV, Robert II, Hugues V, Eudes IV, Philippe
de Rouvre*. (Voir notre *Histoire populaire de Bourgogne*.)

le traité de Brétigny, signé la même année,
mettait fin aux hostilités, mais il nous
imposait les plus rudes conditions. Nos·
pertes territoriales eussent été compen-
sées, en une certaine mesure, si Jean le
Bon, héritier de Philippe de Rouvre, dernier duc capétien de Bourgogne, avait su
conserver les magnifiques provinces que
la loi des apanages rendait à la couronne.
La Bourgogne, en effet, redevenait, par
droit de reversibilité, partie intégrante
du royaume; malheureusement, ce ne fut
point pour elle le gage d'une nouvelle
prospérité. On exigea de nos pères, jusque-
là exempts de toute espèce d'impôts, les·
mêmes redevances que des autres sujets
du Roi : de là une pénible surprise bientôt
suivie d'un sourd mécontentement. Il y
eut cependant des fêtes et divertissements
publics à l'occasion de l'arrivée de Jean
le Bon en Bourgogne.

Ce prince fit son entrée solennelle à
Chalon, le 19 octobre 1362, après avoir
prêté serment entre les mains des échevins de conserver les droits et les privilèges de la cité. Il avait déjà, auparavant,
confirmé ceux du duché et sanctionné

l'établissement des grands jours à Beaune,
pour juger en dernier ressort les affaires
portées devant les baillis. Peu après, étant
au château de Rouvre, il institua à Chalon
les jours généraux de Saint-Laurent,
dont la compétence fut de juger souve-
rainement les causes d'appel des terres
d'Outre-Saône. Cette chambre de justice
prit ensuite le titre de Parlement; elle était
composée d'un président et de huit conseillers. Malgré ces sages mesures, les
esprits en Bourgogne ne se calmaient
point; chacun regrettait l'ancienne indépendance du duché. Fut-ce pour satisfaire
à ces aspirations secrètes, ou simplement
pour avantager un fils bien-aimé, que le
roi Jean revint sur sa résolution d'unir les
deux couronnes royale et ducale ? c'est ce
que nous ne pouvons dire. Dès 1361, il
avait investi de la Bourgogne son quatrième fils *Philippe le Hardi,* qui avait
combattu héroïquement à ses côtés, à la
funeste journée de Poitiers. Toutefois
l'acte d'investiture ne devait être remis
au jeune prince qu'après la mort de son
père, qui eut lieu en 1364. C'est ainsi que
fut constituée la seconde maison de Bour-

gogne, si célèbre par sa puissance et son ambition (1).

La paix de Brétigny « avait jeté sur la route, dit Froissart, une foule de mauvais Français appauvris par les guerres, qui se mirent à guerroyer pour vivre ». Après avoir dévasté la Champagne, ils entrèrent en Bourgogne, pillèrent tout le pays, qui s'étend au pied de la Côte-d'Or, s'avancèrent jusqu'à Givry et insultèrent même les faubourgs de Chalon. C'étaient les *grandes compagnies*, débris des armées licenciées qui, n'ayant aucun moyen

(1) Elle n'a compté que quatre générations, mais quels princes que *Philippe le Hardi, Jean sans Peur, Philippe le Bon* et *Charles le Téméraire !* Leur nom fut entouré d'un tel éclat qu'il éclipsa souvent celui des Rois de France eux-mêmes. Les ducs Valois de Bourgogne unirent, pour composer leur blason, l'écu de Bourgogne à l'écu de France. Ils l'écartelèrent au premier et au quatrième de champ d'azur semé de fleurs de lys d'or avec bordure componée d'argent et de gueules; au second et au troisième de bandes d'or et d'azur de six pièces à la bordure de gueules. Leurs étendards étaient blancs et portaient, comme marque distinctive, une croix de S. André, dite *croix de Bourgogne*, rouge et endanchée, avec une fleur de lys au milieu. Le cri de guerre des armées bourguignonnes fut : *Par sainct Georges !*

d'existence, n'avaient rien trouvé de mieux à faire que de se réunir en bandes armées, sous le commandement de chefs expérimentés. L'un de ces derniers s'appelait *l'ami de Dieu et l'ennemi de tous les hommes* et justifiait trop bien la seconde partie de sa devise (1).

Lorsque Charles V eut terminé les guerres civiles de Normandie et de Bretagne, le nombre de ces pillards augmenta encore. Sous les noms effrayants d'*Écorcheurs*, de *Retondeurs*, de *Routiers*, de *Tard-Venus*, de *Chauffeurs*, ils commirent dans la banlieue de notre ville les plus horribles dévastations. Leur quartier général était à Chagny, et plusieurs bandes venaient camper jusque sous les murs de Chalon. Il importait donc de délivrer au plus tôt le royaume des grandes compagnies, qui le considéraient comme « leur chambre ». Le bon connétable Bertrand du Guesclin vint à Chalon, au nom du

(1) On voit non sans étonnement, parmi leurs principaux chefs, Louis I, de Chalon, surnommé le Chevalier-Vert, comte d'Auxerre et de Tonnerre: il était l'arrière-petit-fils de Jean le Sage, comte de Chalon.

Roi, afin de se mettre en rapport avec les chefs principaux (1366). Il leur envoya un hérault à Chagny ; dès qu'il eut obtenu le sauf-conduit qu'il sollicitait, il se rendit lui-même au quartier général, où il fut accueilli avec de grandes démonstrations de joie. Bon gré, mal gré, le connétable fut forcé de trinquer et de boire avec tous ces officiers, dont la plupart appartenaient aux premières maisons nobles de France. Tout en buvant, Bertrand expose ses projets, qui sont d'aller en Espagne venger la mort de Jeanne de Bourbon, sœur de la Reine, et, pour dernier argument, il leur offre deux cent mille livres de la part de Charles V. Des propositions si flatteuses sont acceptées. Du Guesclin réunit ses nouveaux compagnons à Chalon et les entraîne par la vallée de la Saône et du Rhône au delà des Pyrénées. Les populations, délivrées de ces hôtes dangereux, respirèrent enfin.

C'est alors que le duc de Bourgogne Philippe le Hardi vint faire son entrée solennelle à Chalon (1368). Tout le temps qu'il demeura dans notre ville, il traita à ses frais la noblesse du pays, qu'il avait convoquée, et sut, par ses générosités, se gagner tous les cœurs. Il encouragea les magistrats à poursuivre activement les réparations des murailles et des chemins commencées depuis 1365. Les remparts de la Haute-Enceinte ne présentaient plus que des ruines et n'auraient pu résister à un coup de main; de même, les issues et les chemins qui aboutissaient à la ville étaient tellement dégradés que les chevaux et les voitures n'y abordaient point sans danger. Non seulement on remédia à un état de choses si préjudiciable au commerce de la ville, mais on commença le pavage des rues. Philippe autorisa les habitants de Chalon, en 1370, à prélever le seizième de leurs vins pour subvenir aux frais de cette entreprise.

L'année suivante, le duc d'Anjou, se rendant à Avignon présenter ses devoirs au souverain Pontife, traversa Chalon, où les bourgeois le traitèrent avec de grands honneurs et lui firent, selon l'habitude de ce temps, de magnifiques présents. Le duc de Bourgogne, son frère, le suivit de près et donna aux habitants de sa bonne ville de Chalon le spectacle d'une flotte richement décorée sur la Saône. Philippe le Hardi était accompagné d'une cour nombreuse et brillante. Il allait prier le pape Grégoire XI de vouloir bien être le parrain de son fils nouveau-né. En 1376, il entreprit de nouveau le voyage d'Avignon, et il y déploya la même magnificence. Sa flotille était composée de douze bateaux ; celui que montait le prince avait une salle ornée de deux fenêtres en verre poli, ce qui passa pour une merveille. Le reste de l'équipage était d'une somptuosité telle qu'elle étonna les bons Chalonnais. A son retour, Philippe le Hardi fit fondre dans notre ville plusieurs pièces de canon, de différents calibres. Deux surtout sont restés célèbres. L'un portait des boulets de soixante livres ; l'autre, qui était d'une grosseur prodigieuse, pouvait contenir des projectiles du poids de quatre cent cinquante livres. On voit que les fonderies anciennes de Chalon pourraient disputer aux usines modernes la gloire d'avoir produit les premières ces engins énormes de destruction.

Après les princes et les princesses, le Roi lui-même vint à Chalon s'embarquer

sur la Saône pour se rendre ensuite à
Avignon saluer le Vicaire de Jésus-Christ.
Charles VI partit en grand cortège de
Paris, le 2 septembre 1389. Le duc de
Bourgogne, son oncle, l'accompagna de
Dijon au château de Germolles, splendide
demeure de nos princes, dont il ne reste
plus de traces aujourd'hui. L'escorte
fournie par Philippe le Hardi se composait
de chevaliers vêtus de velours blanc et
rouge et d'écuyers portant des habits de
satin de la même couleur. De Germolles,
le Roi se rendit à Chalon, où il fut accueilli
avec une grande joie et « traité magnifiquement, dit Paradin, par l'évêque du
lieu et par les nobles citoyens. »

Ces fêtes splendides ne devaient point,
hélas ! avoir de lendemain ; la démence de
l'infortuné Charles VI, survenue comme
chacun le sait en 1392, plongea le royaume
dans un abîme de malheurs. Aux désastres de la guerre contre les Anglais,
devaient se joindre encore les ardentes
rivalités des deux factions ennemies : Armagnacs et Bourguignons. Cependant,
Philippe le Hardi, créé régent de France
depuis la maladie de son neveu, sut, par

son habileté,. calmer les impatients de son parti ; la paix ne fut point troublée durant son administration. En 1390, il fit l'acquisition de la *baronnie du Chalonnais*, Charolles et son comté, bientôt érigée en apanage pour le fils aîné des ducs de Bourgogne ; en 1400, il acheta de même la vicomté de Chalon, attachée à la possession de la tour de Marcilly. Les réparations des murs et des portes de la cité marchaient avec une extrême lenteur, faute de fonds nécessaires ; Philippe permit aux habitants d'établir un impôt sur le sel, afin de presser les travaux commencés ; mais il ne voulut pas autoriser les officiers du Roi à percevoir le droit des *traites foraines*, prélevé sur les marchandises.

Jean sans Peur succéda à son père, Philippe le Hardi, en 1404, et fit son entrée solennelle à Chalon la même année. Il prêta serment entre les mains des échevins de maintenir tous les droits, les privilèges et les immunités de la ville, ainsi que l'avaient fait ses prédécesseurs. De bonne heure il sut se gagner l'affection des Chalonnais par ses manières simples et son franc-parler. Quoique dur à lui-même, il était bon pour les autres : d'un abord facile et d'une grande générosité. Son règne, qui devait être troublé par tant d'événements malheureux et se terminer par une catastrophe sanglante, fut marqué au commencement par une année d'abondance extraordinaire. En 1413, le blé ne se vendit que treize sols quatre deniers le bichet composé de huit boisseaux, mesure de Chalon, de sorte que la nourriture d'une personne ne revenait qu'à quarante sols. On était déjà au fort de la querelle des Armagnacs et des Bourguignons. La croix blanche à angle droit, qui servait de ralliement aux premiers, n'était vue qu'avec horreur en Bourgogne, où chacun portait sur l'épaule une croix rouge penchée, dite de S. André.

Jean sans Peur, après avoir fait mettre à mort son rival odieux, le duc d'Orléans, resta maître de Paris pendant sept ans, grâce à l'appui du peuple qu'il séduisait par ses heureuses qualités. La funeste journée d'Azincourt (1415), dont il rejeta, non sans raison, la responsabilité sur ses adversaires, ne put abattre sa puissance. Tandis que partout on guerroyait tantôt contre l'Anglais, tantôt contre la faction ennemie, la Bourgogne n'avait pas cessé de jouir en paix de sa prospérité intérieure et extérieure. Chalon en particulier, sauf quelques contributions de guerre qui lui furent imposées, ne connut point les alarmes de cette époque troublée; son commerce devint de plus en plus actif. Aussi notre ville prit-elle une large part à la douleur que ressentit la province tout entière du meurtre de son duc, assassiné traîtreusement au pont de Montereau (1419).

C'est ce qui explique, mais sans le justifier, l'empressement presque universel des Bourguignons à se jeter à la suite de leur nouveau duc, dans le parti anglais pour venger la mort de Jean sans Peur. Les villes, dans la crainte d'une surprise, de la part des Armagnacs qui tenaient la campagne, se mirent résolûment sur le pied de guerre. A Chalon, les échevins sollicitèrent de l'évêque l'autorisation de faire établir deux clés pour fermer, chaque soir, les ponts, les poternes et les portes de la rue de la Massonière.

Philippe le Bon, fils et successeur de

Jean sans Peur, fit, en 1422, son entrée solennelle dans notre ville, selon le cérémonial accoutumé; les habitants trouvèrent, dans les circonstances fâcheuses où l'on était, un motif de plus de témoigner hautement leur affection à ce jeune prince, qui, aux yeux de la foule, passait pour le fils d'un martyr; aussi, durant son séjour à Chalon, fut-il comblé de présents de toutes sortes. De son côté, il paya aux échevins dix-sept cent quarante-trois livres dues par son père. Les magistrats consacrèrent cette somme importante à acheter une horloge publique pour la ville qui n'en avait pas.

Philippe le Bon venait à peine de quitter Chalon, qu'un nombreux corps d'armée du Dauphin menaça le Charolais et le Mâconnais. Instruit aussitôt de ces mouvements, le duc ordonna à ses troupes de se porter à la fois sur Chalon et sur Mâcon. Une partie des soldats campa dans le faubourg de Saint-Jean-de-Maisel, et l'autre descendit jusqu'à Mâcon. Cette manœuvre eut un plein succès, car l'armée du Dauphin n'osa pas attaquer ces deux villes, et se contenta de mettre une garnison à Tournus (1423).

Chacun cependant gémissait en secret sur les causes qui entretenaient en France des divisions intestines si funestes à l'indépendance nationale. Amédée, duc de Savoie, voulut essayer, en 1423, de réconcilier le duc de Bourgogne avec le Dauphin; des conférences eurent lieu pour cet objet à Chalon, entre Philippe le Bon et le duc Amédée; malheureusement elles ne purent aboutir et la guerre fut poursuivie avec une nouvelle fureur.

Philippe assembla un corps d'armée entre Chalon et Tournus et attaqua cette dernière ville, qu'il délivra des gens d'armes français (1424); puis il se rendit à Mâcon recevoir les hommages quelque peu tardifs des échevins. Il était temps, car les populations bourguignonnes commençaient à avoir honte du rôle qui leur était imposé; elles ne supportaient qu'en frémissant le joug de l'étranger. Le grand duc d'Occident, comme on appelait Philippe, sentit lui-même que le désir de la vengeance l'avait entraîné trop loin; du reste il ne pouvait oublier qu'il était prince de la fleur de lys, et les merveilleuses victoires de Jeanne d'Arc avaient fait sur son esprit une impression profonde.

Le célèbre traité d'Arras, signé en 1435, fut la conséquence de ces bonnes dispositions. Le roi désavoua l'attentat de Montereau et Philippe répudia l'alliance anglaise ; la guerre de Cent ans touchait à sa fin et la France allait rentrer en possession d'elle-même. Malheureusement les désordres que nous avons déjà vu se produire à la suite de la paix de Brétigny se renouvelèrent en 1435. Le licenciement des armées laissa sans emploi et sans moyens d'existence la plupart des soldats. On vit des bandes se former sous les noms d'*Écorcheurs* et de *Retondeurs* et se répandre de nouveau dans les campagnes. La Bourgogne eut à souffrir toutes sortes de dévastations, en 1438. « Le comte de Fribourg pour lors gouverneur de Bourgogne, dit Olivier de la Marche, se retira à Chalon-sur-Sosne et y assembla tous les seigneurs et capitaines du pays, qui firent plusieurs courses et entreprises sur les escorcheurs dessus dicts : et desquels (si aucun on en prenoit) on en faisoit justice publique et de main de bourreau, comme des larrons, pillards et gens abandonnés ; et certifie que la rivière de Sosne et le Doux estoyent si pleins de corps et de charongnes d'iceux escorcheurs, que maintefois les pescheurs les tiroyent, en lieu de poisson, deux à deux, trois à trois corps liés et accouplés de cordes ensemble. »

Aux horreurs de cette chasse à l'homme qui dura plus de quinze ans succédèrent la famine et la peste, résultat trop ordinaire des guerres civiles. Paradin raconte en ces termes les calamités de l'année 1438. « Et n'est nouvelles que de mémoire d'hommes l'on ait vue telle atrocité de famine, car par les villes l'on ne voyait autre spectacle qu'une infinité de cadavres entassés par les rues, avec grandes troupes de pouvres gens languissant, et à demy morts, par tous les lieux où l'on alloit ; car les pouvres laboureurs ne trouvant plus aucune chose que manger par les champs, se gettoyent ès-villes à grandes et innombrables troupes ; et ne s'en pouvoit-on défendre. » Il ajoute ce détail presque incroyable qu'une paysanne déroba plusieurs enfants, « et les demembrant par pièces les saloit en un salloir, comme l'on fait les pourceaux. »

L'année suivante, les Chalonnais semblèrent avoir oublié toutes leurs infortunes par l'accueil splendide qu'ils firent à Philippe le Bon. Ce prince affectionnait notre ville et il y séjournait souvent. En 1439, il y reçut et traita magnifiquement le duc et la duchesse de Savoie ; à la tête d'une cour brillante, le duc de Bourgogne s'avança au devant de ses hôtes et leur donna des fêtes vraiment royales. On connaît son goût pour le faste et les plaisirs. A sa cour s'était réfugié tout ce qui restait de chevalerie en Europe. Là on parlait de tournois et de pas d'armes, à se croire revenu au temps des Amadis et des Roland, et afin qu'on n'en doutât point, Philippe le Bon avait fondé l'ordre de La Toison d'Or, dont l'évêque de Chalon, le docte Jean-Germain, devint chancelier.

Les désordres occasionnés par les grandes Compagnies pendant et après la guerre avaient fait sentir le besoin d'une armée permanente régulière. Charles VII, à l'aide d'une taille perpétuelle votée en

1439 par les Etats généraux et qui est
regardée comme le premier impôt foncier
dont la propriété rurale fut grevée, établit
d'abord une cavalerie de *gens d'armes*
que l'on appela les *Compagnies d'ordonnance,* puis un corps de fantassins, ou
francs-archers recrutés dans chaque paroisse. Les bourgeois de Chalon mirent
le plus louable empressement à entrer
dans les vues du Roi; on peut même dire
qu'ils avaient pressenti la nécessité de
ces corps-francs pour la sécurité de leur
ville.

Dès les premières années de la guerre
de Cent ans, ils avaient organisé le jeu
de l'Arbalète, dans le préau des Halles ;
nous voyons, à partir de 1427, des chevaliers de l'Arc s'exercer au tir et aux
évolutions militaires au pâquier de Gloriette ; enfin l'institution des chevaliers de
l'Arquebuse compléta la série de ces
milices urbaines qui pouvaient être d'un
grand secours en cas d'attaque, mais qui
se bornèrent, comme nous le verrons, à
de joyeuses et brillantes parades militaires.
Chaque année, au mois de mai, on tirait
le prix annuel plus connu sous le nom

d'*oiseau de privilège*. Le chevalier qui l'abattait une première fois était proclamé *roi* de la corporation pendant un an ; s'il l'abattait deux ans de suite, on le nommait *connétable,* mais lorsque le même chevalier était vainqueur trois années consécutives, il recevait le titre d'*empereur* et jouissait sa vie durant de l'exemption des tailles, aides, subsides et autres charges de la ville. Tous les membres de la corporation portaient dans leurs fêtes un costume brillant et marchaient sous un étendard aux éclatantes couleurs et aux riches broderies de soie et d'or ou d'argent ; ils déployaient surtout un grand luxe, quand ils rendaient le prix dit de Province, ainsi nommé parce que la lutte s'engageait entre toutes les corporations de la province.

Ce n'était qu'à de longs intervalles que ces solennités avaient lieu ; les corporations les plus en renom comptaient à peine deux ou trois fêtes de ce genre dans l'espace d'un siècle. Les chevaliers de l'Arquebuse de Chalon rendirent le grand prix en 1653, 1670, 1700 et 1728, ainsi que nous aurons occasion de le dire plus loin.

En 1449, Jacques de Lalain, seigneur de Flandre, ayant obtenu du duc de Bourgogne l'autorisation de tenir un pas d'armes dans notre ville, choisit pour champ-clos une vaste prairie située au faubourg de St-Laurent (1).

Afin que tout se passât selon les règles de la chevalerie, Philippe le Bon envoya le roi d'armes de la Toison d'or pour remplir les fonctions de juge d'armes à sa place. Le premier engagement eut lieu le 13 sep-

(1) « En icelle isle, dit Olivier de la Marche, fit faire l'entrepreneur les lices à combattre et la toile pour faire les armes à cheval ; et fut le champ moult bien ordonné de sablon et de tout ce qu'en tel cas appartenoit, et aussi de maisons pour le juge et pour les seigneurs ; et, le premier samedy de septembre 1449 fut un pavillon tendu, au bout du grand pont, du costé de Sainct-Laurent..., et fut iceluy pavillon palissé et barré moult honorablement et n'y pouvoit nul approcher sans le congé de Charolois le héraut, un moult notable héraut, officier d'armes du comte Charles de Charolois, lequel avoit sa cotte d'armes vestue et un blanc batton à la main et gardoit les images ordonnées pour l'emprise (promesse de combattre) de l'entrepreneur ; et premièrement au dossier d'iceluy pavillon, et au plus haut estoit, en un tableau, la représentation de la glorieuse Vierge-Marie, tenant le rédempteur du monde, son seigneur

tembre entre Jacques de Lalain et Pierre de Chandios ; le combat dura plusieurs heures et fut souvent âpre et acharné, mais sans que la victoire se déclarât en faveur de l'un ou de l'autre champion. On dit que le pas d'armes se poursuivit jusqu'au mois de septembre de l'année suivante ; Jacques de Lalain tint tête à tous ceux qui se présentèrent pour y combattre en l'honneur de la Dame des Pleurs. Parmi les principaux personnages qui accoururent à ces fêtes on remarqua

et son fils ; et plus bas au dextre côté de l'image fut figurée une dame moult honnestement et richement vestue, et de son chef en simple atour ; et tenoit manière de plorer tellement que les larmes tomboyent et couroyent jusque sur le côté senestre, où fut une fontaine figurée, et sur icelle une licorne assise tenant manière d'embrasser les trois targes (boucliers) conditionnées pour les trois manières d'armes que l'éntrepreneur vouloit fournir pour son emprise ; dont la première fut blanche pour les armes de la hache, la seconde violette pour les armes de l'épée et la tierce (qui estoit dessous à manière de triolet), estoit noire pour les armes de la lance ; et furent les dictes targes toutes semées de larmes bleues ; et pour ces causes fut la dame nommée la dame de Plours et la fontaine, la Fontaine de Plours. »

le duc d'Orléans lui-même et sa femme, Marie de Clèves, accompagnés d'une suite nombreuse ; de riches et puissants seigneurs y vinrent rivaliser de luxe et de magnificence et laissèrent en se retirant des sommes énormes aux habitants de Chalon, émerveillés de tant de splendeurs.

Le souvenir de ce tournois est resté longtemps gravé dans leur mémoire et même s'est perpétué, grâce aux travaux de nos historiens, jusqu'à nos jours. « La mort de Philippe le Bon, arrivée en 1467 changea entièrement les mœurs et les habitudes de la Bourgogne, selon M. Fouque ; de paisible qu'elle était cette province devint tout à coup guerrière... Chalon, à qui le duc avait fait beaucoup de bien, sentit vivement la perte qu'il venait de faire. Les habitants manifestèrent leur reconnaissance pour les bontés de Philippe par la pompe qu'ils déployèrent dans les cérémonies funèbres qu'ils célébrèrent à sa mémoire (1). »

(1) Il laissait la plus belle cour de l'Europe. « Quelque part que soit le duc de Bourgogne, dit Michelet, là est le centre du monde chrétien. Qu'il dresse sa tente dans une forêt de la Comté, les

Le nouveau duc de Bougogne, *Charles le Téméraire*, joignait aux qualités héréditaires de sa race, courage, franchise, générosité, des défauts qui lui étaient personnels et qui rendaient bien dangereuse la lutte engagée avec Louis XI, le plus rusé politique de son temps. Charles poursuivit avec toute l'ardeur de son bouillant courage un projet déjà caressé

ambassadeurs des princes y viendront de l'Orient et de l'Occident, les princes eux-mêmes, les légats du St-Siège... Le rendez-vous de la chevalerie, *l'hostel de toute gentillesse*, la *cour*, c'est la cour de Bourgogne ; *l'ordre* c'est son ordre, l'ordre galant et magnifique de la Toison d'or... » Quand le duc allait à Paris il descendait à son hôtel avec une armée de seigneurs et d'écuyers qui émerveillait tout le monde. S'il se rendait à l'église, son cortège était toujours d'au moins quatre-vingts ou cent chevaliers, parmi lesquels on remarquait des princes, des ducs, de très hauts personnages. Ses archers étaient richement équipés. Pour lui, il mettait chaque jour sur ses vêtements des joyaux différents, tantôt une ceinture de diamants, tantôt un rosaire de pierres précieuses, d'autre fois un bonnet ou une aumusse qui en était tout brodée.

On venait à son hôtel pour en admirer les magnificences, car il l'avait orné des plus belles tapisseries de Flandre, rehaussées de soie, d'argent et d'or. On s'extasiait surtout devant celle qui représentait l'his-

par son père et qui ne marquait pas de
grandeur : ériger ses états en royaume
sous le nom de Gaule-Belgique. Pour
arriver à ses fins, tout fut mis en œuvre :
alliances, négociations, traités, guerre
ouverte et acharnée ; mais la fougue « de
jeune taureau » qui caractérisait le duc
de Bourgogne devait fatalement échouer
devant les ruses et les savantes combi-

toire de Gédéon qu'il avait fait faire en l'honneur de
la Toison d'or. Son buffet était une merveille, les
gradins en étaient couverts de la plus riche vais-
selle d'or et d'argent qu'il y eut au monde. A
chaque coin était une corne de licorne ; on n'en
connaissait qu'une en France, encore était-elle fort
petite. Il avait fait dresser dans son jardin un
pavillon qui était en velours doublé de soie, brodé
partout de feuilles et d'étincelles d'or, avec les armoiries de toutes ses seigneuries. Il y donnait de
grands festins aux princes, aux princesses, aux seigneurs et aux dames ; il invitait aussi les plus
notables bourgeois de la ville.

Voici quelques détails fournis par Olivier de la
Marche, l'un des convives, sur la splendeur des
entremets. « En cette salle avoit trois tables couvertes, l'une moyenne, l'autre grande et l'autre
petite ; et sur la moyenne avoit une église croisée,
verrée et faite de gente façon, où il y avoit une
cloche sonnante et quatre chantres... Un autre entremets y avoit : une caraque (navire) ancrée, garnie

naisons diplomatiques de son adversaire.

Charles succomba au fort de la lutte, après neuf ans et demie de règne, ne laissant qu'une fille, Marie de Bourgogne, pour héritière de ses vastes états. Il n'eut point le temps de se montrer aux Chalonnais ; ceux-ci n'en restèrent pas moins fidèles à sa mémoire et se montrèrent tous zélés partisans des droits de Marie de Bourgogne contre Louis XI, qui s'était

de toutes marchandises et de personnages de mariniers. La seconde table, qui étoit la plus longue, avoit premièrement un pâté dedans lequel avoit vingt-six personnages vifs, jouant de divers instruments, chacun quand leur tour venait. Le second entremets de cette table estoit un château à la façon de Lusignan, et sur ce château, au plus haut de la maîtresse tour, étoit une mélusine en forme de serpent ; et par deux des moindres tours de ce château, sailloit, quand on vouloit, eau d'orange, qui tombait ès-fossés. Le tiers étoit un moulin à vent, le quart, un tonneau mis dans un vignoble, le cinquième étoit un désert auquel avoit un tigre merveilleusement fait, le sixième étoit un homme sauvage monté sur un chameau, le septième étoit le personnage d'un homme qui d'une perche battait un buisson plein de petits oiseaux, le huitième étoit un fol monté sur un ours, le neuvième étoit un lac environné de plusieurs villes et châteaux, auquel lac avoit une nef à voile levée.

emparé à la fois du Duché et de la Comté (18 mars 1477).

Le même jour l'adroit monarque abolit les Jours Généraux de Beaune et de St-Laurent et les remplaça par le Parlement de Dijon. Mais l'insolente rapacité du sire de Craon, gouverneur de la province au nom du Roi, l'inexécution des promesses faites aux Etats de Bourgogne surtout en ce qui concernait le mariage de la pieuse Marie avec le Dauphin Charles, provoquèrent de toutes parts des protestations indignées. La Franche-Comté se souleva et fut bientôt débarrassée des soldats de Louis XI. Dijon, Semur, Beaune, Verdun, Chalon entrèrent dans le mouvement d'insurrection.

C'est alors que le Roi, voulant faire un exemple et comprimer la révolte par un vigoureux acte d'autorité, envoya le sire de Craon à Chalon, à la tête d'un corps de troupes. La ville fut traitée comme si elle avait été prise d'assaut ; le gouverneur y exerça toutes sortes de cruautés. « Il condamna à la mort, dit Perry, les plus notables bourgeois et tenoit les autres dans un si rude esclavage, qu'il ne

souffroit pas qu'ils se joignissent deux
ou trois ensemble, lors mesmes qu'ils
n'avoient qu'à traiter de leurs affaires
particulières. S'il les trouvort assemblez,
quoy qu'en très petit nombre, ou ils
estoient incontinent mis à mort, ou jetez
à la rivière. Ce procédé qui tenoit du
barbare n'estoit pas pour donner de
l'affection aux Chalonnois pour le service du roy. »

Louïs XI ne fut pas plus populaire à
Chalon que dans les autres villes du
royaume et cependant chacun sait quels
immenses services il a rendus au pays
par ses créations utiles et par son administration éclairée. Si notre cité tenta de
lui résister ce fut moins par esprit d'opposition que par sentiment de fidélité à la
descendance de ses princes légitimes, les
ducs de Bourgogne.

Disons aussi que l'ardeur guerrière de
ses habitants venait de recevoir un stimulant énergique. Les fortifications de la
seconde Enceinte, ou *Basse-Enceinte,* éloi-
gnée de la Haute-Enceinte de deux cents
toises environs étaient achevées, et la
ville se trouvait désormais en état de se

défendre elle - même. Naturellement il sembla dur aux bourgeois de passer du gouvernement paternel de leurs ducs sous le régime uniforme du pouvoir central, sans avoir mis leurs conditions, sans avoir exigé le maintien de leurs privilèges et de leurs franchises (1). Plus tard cette

(1) Après . avoir entouré le faubourg Ste-Marie et formé derrière La Motte le bastion connu sous le nom de bastion de la Trémouille, le nouveau rempart longeait la prairie, traversait en contournant le bourg St-Alexandre, aujourd'hui St-Jean-des-Vignes, et aboutissait aux fortifications de l'abbaye de St-Pierre, avant son transfert dans l'intérieur de la ville. Le mur partant ensuite de l'abbaye longeait le pâquier de Gloriette, du côté de St-Cosme et aboutissait à la Saône, où il formait le bastion de St-Jean-de-Maizel, de là il suivait la rivière et remontait jusqu'au Port-Villiers. Cette seconde Enceinte renfermait le quartier de La Mothe, les faubourgs Ste-Croix et St-André, le pâquier de Gloriette et l'important faubourg St-Jean-de-Maizel.

Un fossé ou biëz baignait les nouveaux remparts ; il partait de la Saône à Ste-Marie, traversait le bas de la prairie et se terminait près de la porte de Beaune, au bras de la rivière de Pontet, dont il était séparé par une digue qui empêchait l'eau d'y entrer ; le fossé continuait son cours autour de la ville et rentrait en Saône au-dessous de Chalon ; il était fermé par des thoux ou écluses qui y retenaient

formalité fut remplie à chaque changement de règne ; aussi nos Rois ne trouveront-ils pas de ville plus soumise que

les eaux et les élevaient au niveau nécessaire à la défense de la place.

La Basse-Enceinte avait comme la première plusieurs issues ; la porte de La Mothe s'ouvrait sur la prairie, nommée alors pâquier de Marianges. La porte de Beaune, à l'ouest, ainsi nommée parce qu'elle s'ouvrait sur la route de cette ville, fut appelée successivement porte de la Basse Enceinte, du Pontet, de la Garde , parce qu'elle fut longtemps gardée par un poste de soldats. Elle fut également plusieurs fois déplacée et eut divers ornements qui la signalaient à l'attention des curieux. Le rempart de Gloriette avait une porte tirant vers St-Cosme ; on la désignait tantôt sous le nom de porte du Châtel de St-Cosme, tantôt sous celui de porte de Gloriette. Elle disparut, en 1580, lorsqu'on répara cette portion du rempart. Le pâquier de Gloriette était partagé en deux par le bras de rivière de Pontet ; le côté de la ville était occupé par les Halles, c'est ce que l'on nommait le *Préau des Halles.* « Elles étoient spacieuses ; il y avoit plusieurs grandes loges, qui en renfermaient chacune un grand nombre de petites ; la grande loge destinée pour les Drapiers contenait cent moins deux loges ; celle appelée les Bureaux quatre-vingt-six, celle de la Pelleterie soixante-quatorze et les Changeurs se mettoient dans la quatrième, du côté de la porte au Change. »

La porte de St-Jean-de-Maizel fut d'abord près de

Chalon, ni de sujets plus dévoués que ses habitants.

la Saône, puis reconstruite vis-à-vis de la rue de l'Arc, enfin rapprochée de la rivière et rélargie pour permettre aux arrivages de Lyon d'entrer commodément dans la ville, on lui donna alors le nom de porte de Condé. La majeure partie du terrain restant depuis le pâquier de Gloriette jusqu'à la Saône était occupée par la place de l'Etape, devenue place St-Pierre, décorée en son milieu d'une potence ou gibet! Cette place vient de prendre le nouveau nom de *place de l'Hôtel-de-Ville*, après avoir eu longtemps aussi celui de *place des Carmes*. Un autre édifice situé au sud de la place de Beaune semblait dominer et être le point central de ce quartier, c'était la tour du Bourreau !

CHAPITRE IX

LES GUERRES DE RELIGION

Décadence de la Société chrétienne ; règne de Charles VIII ;
Entrée de ce prince à Chalon ; la peste de 1496. —
Louis XII. Les Suisses menacent la ville. — François I
et Henri II fortifient Chalon. — Commencement du
protestantisme en France. — Premiers désordres à Chalon. — Pillage des églises par les calvinistes. — Déli-
vrance de la ville. — Charles IX à Chalon ; établissement
de la mairie. — Nouvelles incursions des Huguenots. —
Courage des catholiques chalonnais. — La Ligue et le
duc de Mayenne. — Fin de la guerre.

A la fin du XVe siècle, l'Europe présentait un magnifique spectale ; les efforts
de la société chrétienne, durant le moyen-
âge, et les luttes soutenues par elle
contre la barbarie musulmane allaient
recevoir leur récompense ; d'admirables
inventions : l'imprimerie (1), la boussole

(1) Selon M. Fouque, la première presse typogra-
phique à Chalon ne daterait que du milieu du
XVIIe siècle. Il est vrai que le privilège accordé à
Philippe Tan, « imprimeur et marchand libraire à
Chalon d'imprimer et vendre un livre intitulé :

avaient déjà été accordées au génie de l'homme ; des mondes nouveaux, découverts par Christophe-Colomb, offraient d'eux-mêmes une vaste carrière aux prédicateurs de l'Evangile. D'un autre coté, les lettres et les arts concourraient à rendre cette société encore plus puissante et plus glorieuse. Malheureusement sous ces dehors brillants se cachait une profonde décadence. « L'ordre temporel, dit M. Blanc, tendait à se séculariser et l'esprit de foi se retirait de toutes parts pour faire place à l'esprit du siècle. »

La grande confédération des peuples catholiques sous l'autorité du Pape est déjà à moitié dissoute ; on voit tomber l'une après l'autre les institutions des âges précédents: la féodalité, la chevalerie, même les communes qui disparaissent devant l'influence de jour en jour plus considérable du tiers-état, lequel cependant en était sorti. Dans l'étude des sciences, à

Histoire de la ville et cité de Chalon-sur-Saône, composée par le P. Claude Perry de la compagnie des Jésus », est du 3 juin 1659. Mais nous avons peine à croire que ce soit là le premier ouvrage édité à Chalon.

la méthode scholastique si sure, si rigou-
reuse les universités nouvelles substituent
un enseignement oral plus agréable, parce
qu'il peut revêtir les ornements du beau
langage ; mais il sera impuissant à pré-
munir les intelligences contre les artifices
des sophistes. Aussi voyons-nous les
erreurs philosophiques et théologiques
pulluler sur tous les points à la fois, et
avec la corruption des mœurs l'hérésie
renaître, grandir et finalement arracher
du sein de l'Eglise des nations entières !

Un moine apostat, secondé par des
princes ambitieux, aura le triste honneur
de donner son nom au schisme qui va
mettre l'Europe en feu et jeter la France
dans un abîme de malheurs. Notre ville
elle-même, calme et paisible tant que sa
foi religieuse est restée intacte, sera
bientôt le théâtre sanglant des plus horribles dévastations.

Charles VIII succéda à Louis XI, son
père, en 1484, mais ne prit le gouvernement du royaume qu'en 1493. L'année
même de son avènement, les Etats généraux se tinrent à Tours ; non seulement
les habitants des villes y envoyèrent leurs

représentants, mais les paysans eux-
mêmes furent appelés pour la première
fois à prendre part aux élections, ce qui
atteste les progrès considérables accomplis dans la condition des populations
agricoles. On sait que la noblesse de
Bourgogne déploya au sein de l'assemblée
une activité, qui est regardée comme le
symptôme avant-coureur d'une transformation lente mais profonde des idées et
des mœurs. Nous ne tarderons pas d'en
rencontrer d'autres preuves.

Quand Charles VIII se vit délivré de la
froide raison de sa sœur, la dame de
Beaujeu, « vraie image en tout de son
père », il chercha quelle belle « emprise »
il pourrait bien faire. Egaré par ses
prétentions dynastiques sur Naples, il se
résolut à frapper quelque grand coup
d'épée au delà des monts et inaugura
ainsi ces longues guerres d'Italie, qui,
selon le mot d'un auteur, ouvrent l'ère
moderne. Nous pouvons les considérer
comme le prélude des guerres religieuses
du XVIe siècle, car elles ont puissamment
favorisé le Luthéranisme à son berceau,
en retardant les réformes que les souve-

rains Pontifes se proposaient de faire
depuis longtemps dans la discipline ecclésiastique. Le jeune monarque se mit en
route dès les premiers jours de l'année
1494. Aussitôt que les échevins de Chalon
furent prévenus de son approche, ils
arrêtèrent « que la bourgeoisie luy iroit
« au-devant, que les habitants seroient
« tous habillés d'une mesme livrée de
« robes rouges et de chapeaux noirs,
« que ceux qui n'auroient point le moyen
« d'estre vestus de la sorte ne seroient
« pas de leur compagnie,... que les rues
« par où sa Majesté passeroit seroient
« tapissées, qu'on y dresseroit des théâ-
« tres, où se joueroient divers mystères
« nouveaux et moralitez...»

Un pavillon richement décoré en drap
d'or fut, en effet, dressé à la porte de
St-Jean-de-Maizel, par où le roi devait
faire son entrée dans la ville. C'est là
qu'une jeune fille vint lui offrir un cœur
en or fin, du poids de cent écus, symbole
gracieux de l'amour que les habitants de
Chalon avaient voué au fils de Louis XI.
Charles se rendit ensuite au milieu d'une
foule immense à la cathédrale de St-

Vincent, « et estant arrivé au parvis,
« l'évesque et le doyen lui mirent un
« sureplis et lui donnèrent une aumusse.
« Ils le conduisirent ainsi habillé jusques
« au grand autel où il fit sa prière à
« genoux et avec une modestie qui don-
« noit de la dévotion. » Le monarque
déposa peu après les insignes de sa
dignité de chanoine et les remit à un
jeune gentilhomme, auquel il conféra la
première prébende qui viendrait à vaquer
dans l'église St-Vincent; puis il quitta
Chalon pour se rendre à Lyon où était
fixé le rendez-vous de son armée.

Tandis que Charles VIII se couvrait de
gloire en Italie, la peste désola notre ville,
qui l'avait accueilli avec tant d'enthou-
siasme. Le fléau exerça en particulier de
grands ravages durant les années 1495
et 1496. Devant l'inutilité des ressources
que la science pouvait leur offrir, les
habitants de la religieuse cité placèrent
toute leur confiance dans l'intercession
des saints. Les bourgeois et les magistrats,
réunis en assemblée générale, résolurent,
dit Perry, « que puisque la ville estoit
« dès si longtemps affligée de la peste,

« elle choisiroit S. Sébastien, pour obtenir
« de Dieu par ses mérites la cessation
« de cette maladie et pour en estre
« préservée à l'avenir. » Le registre de
cette touchante délibération porte encore
« que l'on mettra sur le jeu et mystère
« du glorieux ami de Dieu, monsieur
« S. Sébastien pour iceluy jouer le plustôt
« que faire se pourroit bonnement. Et
« afin que la chose puisse venir à effet
« et qu'elle soit conduite ainsi qu'il
« appartiendra seront élus douze person-
« nages. »

Le P. Perry ajoute : « je ne doute
« point que Dieu eut égard à la bonne
« simplicité et à la droite intention de
« ces gens-là. Aussi reçurent-ils la con-
« solation et le soulagement qu'ils s'es-
« toient promis de la bonté de Dieu et
« de l'intercession de S. Sébastien. La
« ville s'en est si bien trouvée qu'on
« fait une procession générale le jour de
« sa feste et on dit au retour une grande
« messe à son autel. »

A l'étranger, les événements de la
guerre si brillamment inaugurée par
Charles VIII étaient encore plus tristes

que l'état du royaume ; le vainqueur de Fornoue arrivait à peine à Lyon quand il apprit la perte de sa conquête ; la domination française à Naples était tombée aussi vite qu'elle s'était élevée ; mais Charles n'eut ni le temps, ni même la pensée de recommencer son expédition lointaine, étant mort subitement en 1498.

Louis XII, son successeur, hérita aussi de ses prétentions au trône de Naples ; il voulut de plus revendiquer les droits qu'il tenait de son aïeule, Valentine Visconti, sur le duché de Milan. Une seconde guerre d'Italie fut donc résolue ; mais avant d'entrer en campagne, le nouveau monarque confirma, sur la requête des deux députés que les échevins de Chalon lui avaient dépêchés, tous les droits et privilèges de notre cité.

A son retour du Milanais, Louis XII traversa Chalon suivi d'un brillant cortège. Les magistrats avaient décidé qu'il serait offert à la reine des bagues en or et des pierres précieuses, et pour le cas où cette princesse accompagnerait son auguste époux qu'on fournirait à leurs majestés quarante-deux tonneaux de vin du

meilleur cru. On vit se renouveler le luxe
de décorations déployé six ans auparavant, lors de l'entrée de Charles VIII à
Chalon ; les échevins et les bourgeois
notables se présentèrent au souverain
vêtus de robes rouges ; les rues où il
passa furent tapissées et on dressa au
milieu des places publiques des théâtres,
sur lesquels des acteurs improvisés
jouèrent force mystères et facéties selon
le goût du temps (1500).

Sur ces entrefaites, les Suisses, mécontents d'avoir vu leurs offres de service
rejetées avec hauteur par Louis XII,
firent une irruption en Bourgogne. Le
connétable de Bourbon accourut à Chalon
et mit la ville à l'abri d'un coup de main,
en fortifiant le faubourg St-Alexandre qui
commandait la route de Dijon. Les ennemis assiégeaient la capitale de la Bourgogne et menaçaient de descendre dans
la vallée de la Saône, lorsque le gouverneur de la province, Georges de la Trémouille, sut habilement les éloigner par
l'appât d'une forte somme, dont la majeure
partie devait venir des *riches* de Chalon ;
il signa un armistice très onéreux pour

lequel il comptait bien être désavoué. C'est précisément ce qui arriva.

François I, qui succéda à Louis XII en 1515, ne voulut point ratifier des conditions si lourdes. Les Chalonnais, au comble de la joie, témoignèrent leur reconnaissance au sire de la Trémouille, par des fêtes splendides données en l'honneur de la princesse sa femme, laquelle fit son entrée dans la ville en 1516 (1).

Ces fêtes se renouvelèrent peu de temps après, lors du passage du roi à Chalon, au mois d'avril 1521. « Je suis marry, dit le P. Perry, qu'on ait négligé d'en écrire les particularités», mais, ajoute aussitôt le même historien, « il (François I)

(1) Le registre des délibérations porte « qu'une « partie des bourgeois lui iroit au-devant à cheval, « et l'autre sortiroit en armes ; qu'on dresseroit un « théâtre au coin où pend pour enseigne le faucon ; « qu'il seroit orné d'une tenture de tapisserie; qu'une « belle fille, bien couverte à la mode de ce temps- « là, lui feroit un compliment en vers à sa louange; « qu'elle luy présenteroit une médaille du poids de « soixante écus d'or au soleil ; qu'elle porteroit à « un des revers le portrait d'une fille et de l'autre « les armes et l'écusson de la ville de Chalon. »

ne fît que passer et partit le lendemain en grande diligence pour se rendre à Lyon et de là en Italie. »

« On serait tenté de croire, reprend M. Fouque, que ce prince eut pressenti les désastres dont notre cité devait être le théatre; car non seulement il fît réparer les anciennes fortifications, mais encore il ordonna la construction de nouveaux remparts, dans lesquels furent enclavés plusieurs faubourgs de la ville (1). »

La France, en effet, était à la veille des guerres civiles qui ont désolé la dernière moitié du XVIe siècle. Déjà les émissaires

---

(1) Ce sont, d'après Courtépée, les *faubourgs* de *St-Jean* et de *St-André*, l'ancien bourg de St-Pierre. La substitution du nom de St-Pierre en celui de St-André est relativement récente. Le bourg de St-Pierre était au-delà de l'abbaye et s'étendait sur toute cette partie qui forme aujourd'hui le faubourg de la Citadelle et la rue de la Mare. Au faubourg Ste-Marie, on construisit également un nouveau boulevard que l'on nomma bastion de *la Motte* et plus tard de *la Trémouille* (1523), parce que ce fut ce seigneur qui en dirigea les travaux. « Cet endroit, dit Perry, estoit au dehors de la vieille enceinte de la ville. » Le boulevard qu'on y éleva était rond et revêtu de pierres taillées en pointes de diamant.

de Luther et de Calvin avaient pénétré dans l'intérieur du royaume et avaient rencontré quelques adeptes parmi les princesses de la cour et les favorites du voluptueux monarque. Il eût été difficile pour la Réforme de trouver un terrain mieux préparé. La noblesse elle-même accueillit avec faveur les opinions nouvelles qui flattaient son ambition et allaient lui aider à reconquérir son influence et ses privilèges. En Bourgogne, cependant, les gentilshommes déclarèrent énergiquement qu'ils ne souffriraient aucune atteinte à la religion de leurs pères. Quant au peuple des villes et des campagnes, rien ne put ébranler son attachement à la vraie foi, et les agents venus de Genève lui distribuèrent en pure perte pour leur cause des sommes d'argent prodigieuses. Malheureusement la triste politique de François I, qui tantôt persécutait, tantôt protégeait les protestants de son royaume, selon qu'il sentait le besoin d'être soutenu par leurs coreligionnaires d'Allemagne contre Charles-Quint, paralysa les efforts des vaillants champions du catholicisme.

Sous Henri II, fils et successeur de

François I, le mal dont souffrait la France chrétienne ne fit que s'aggraver, la logique l'emportant sur les édits, car comment proscrire chez soi ce que l'on favorise chez son voisin ? Le protestantisme pénétra ainsi peu à peu jusqu'au cœur même du pays : Paris, malgré la vigilance des magistrats, eut un temple calviniste dès l'année 1551. Notre ville ne fut pas exempte de la contagion ; toutefois l'attention des habitants avait alors un autre objet. Henri II était venu les visiter en 1548, avec le dessein de faire de Chalon une des plus belles et des plus fortes places de son royaume ; aussi donna-t-il l'ordre de presser les travaux déjà commencés et d'en entreprendre de nouveaux et de plus considérables. Mais ce projet ne put aboutir à cause des guerres civiles qui éclatèrent peu après.

Contenus par la juste sévérité du monarque, les fauteurs du calvinisme en France profitèrent du terrible accident qui mit fin à ses jours pour lever enfin l'étendard de la révolte ; le règne de François II s'inaugura, en effet, par l'explosion violente du complot ourdi secrètement depuis plu-

15

sieurs années. A Chalon, les protestants, forts de l'inertie ou mieux de la connivence des échevins, tinrent leurs réunions au grand jour (1559). Il en résulta aussitôt des querelles et des discussions privées qui dégénérèrent immédiatement en débats publics et en voies de fait des plus odieuses. La plupart des magistrats avaient cédé à l'appât de la nouveauté, et crurent habile de proposer, en 1561, la vente des deux tiers des biens du clergé, sous prétexte de subvenir aux frais de l'Etat. Mais les catholiques indignés s'opposèrent vivement à une telle iniquité, sans pouvoir toutefois empêcher les ministres « de faire leur prêche, ni d'administrer à leur mode les sacrements de baptême et du mariage dans une maison de la rue aux Fèvres, qui appartenait à la ville. » La guerre entre les deux partis était déclarée.

Secrètement encouragés par ceux-là même qui devaient les combattre, les huguenots de Chalon se mirent à construire un temple, près de la cathédrale, et ne tinrent aucun compte de l'édit de janvier 1562, qui interdisait l'exercice public de leur culte dans l'enceinte des villes. C'était une première concession arrachée au nouveau roi, Charles IX, et, comme il arrive toujours, elle fut trouvée insuffisante. Les religionnaires poussèrent l'audace jusqu'à refuser l'entrée de la ville à la compagnie des Ordonnances du Roi, qui avait reçu l'ordre de se rendre à la cour ; ils obligèrent même les bourgeois catholiques de monter la garde près des remparts aux portes et aux endroits faibles. « De quel crève-cœur, dit Perry, n'estoient-il (les catholiques) pas saisis, lorsqu'ils voyoient que le matin et le soir..... ils (les huguenots) faisoient hautement leurs prières sur le grand pont de Saône et dans les places de St-Vincent et du Châtelet ? »

De leur côté, les chanoines de St-Vincent, craignant non sans raison quelques violences de la part des protestants, ne purent, malgré l'autorisation qu'ils en avaient reçue, fermer leur grand cloître même durant la nuit. Les échevins n'avaient point approuvé cette simple mesure de prudence prise par les catholiques ; de plus, ils ne surent ou ne voulurent rien faire pour empêcher le pillage des sanctuaires les plus vénérables. En effet, le 5 mai 1562, à la nouvelle que les calvinistes s'étaient emparés des églises de Lyon et de Mâcon, leurs coreligionnaires de Chalon envahirent le couvent des Carmes, en chassèrent les religieux, « firent le prêche dans leur église, dit Courtépée, et en celle de St-Jean, pillèrent ensuite celle de St-Pierre et renversèrent les autels. » La vieille et célèbre abbaye eut ses portes et fenêtres brisées, ses reliques profanées, ses tableaux couverts de boue, ses chartes brûlées ; elle ne présenta bientôt plus qu'un amas fumant de ruines et d'objets moitié consummés par les flammes. Le lendemain, les offices cessèrent dans toutes les églises de la ville et le jour de la grande fête de la Pentecôte, il n'y eut que quelques ecclésiastiques qui purent célébrer les saints mystères. Encore les huguenots faisaient-ils entendre du dehors les menaces les plus terribles.

Les catholiques, las d'une telle tyrannie, décidèrent enfin le baron de Rully, capitaine de la ville, à tenir une assemblée des principaux bourgeois pour mettre un terme à tant de dévastations. Il fut convenu que les deux partis désarmeraient et que l'on s'en tiendrait aux édits ; mais cette convention fut aussitôt violée par les huguenots, qui s'emparèrent en outre de l'église St-Antoine et du cloître St-Vincent. Le capitaine furieux ne vit rien de mieux à faire que de se retirer à la campagne avec la plupart des bourgeois. Chalon allait donc désormais être complètement à la discrétion des sectaires. Ceux-ci apprenant que Montbrun, un de leurs chefs les plus fanatiques, s'avançait sur Chalon, cernèrent les halles où était l'arsenal, et s'emparèrent de deux pièces de canon, qu'ils transportèrent sur la place St-Vincent, afin d'empêcher les catholiques de venir au secours de la cathédrale, dont ils avaient résolu le pillage.

La troupe de Montbrun se présenta sous les murs de Chalon à deux heures du matin ; on lui ouvrit immédiatement les portes ; au jour, elle fut logée chez les chanoines et les principaux catholiques de la ville, où elle se conduisit comme en pays ennemi. Sans perdre de temps, Montbrun prit avec lui une partie de ses soldats, alla investir le monastère de St-Marcel qui luttait depuis quinze jours contre des bandes de huguenots. Il en força les portes et exerça les plus horribles profanations dans le cloître et dans l'église. « La coupe du Dieu vivant, ajoute Courtépée, teinte du sang de ses vrais adorateurs, devint celle du soldat sacrilège ! »

Le lendemain de cette sauvage expédition, ce fut le tour de la cathédrale St-Vincent. Ici encore Montbrun était à la tête des pillards qui violèrent les tombeaux et mirent leurs mains rapaces sur les châsses, les statues des saints, sur les vases et les ornements sacrés. Lorsque la cathédrale n'eut plus rien qui put tenter leur cupidité, ces forcenés envahirent l'évêché et ne l'épargnèrent pas plus que les églises. « C'est ainsi, remarque le P. Perry, que les prétendus réformez réformoient, ainsi qu'ils le publioient, les abus de l'église catholique et abolissoient ses superstitions. »

Tant de dévastations devaient cependant prendre fin ; déjà le lieutenant-général de la province, Gaspard de Tavannes, à la tête de quelques gentilshommes qui avaient sous leurs ordres un petit corps de troupes, était venu camper dans le bois de Menuse, aux environs de Chalon. Par une habile manœuvre, il attira à lui une compagnie de l'armée de Montbrun et réussit à l'enfermer au milieu de sa propre division; mais loin de tenir tête à l'ennemi, les huguenots prirent honteusement la fuite, laissant leur capitaine et cinq ou six de leurs camarades aux prises avec les soldats de Tavannes.

Cet échec affecta vivement Montbrun et « dès lors il ne songea plus qu'à plier bagage et se retirer à petit bruit. » Sa résolution ne put cependant rester tellement secrète que les religionnaires de la ville n'en fussent instruits. Elle leur causa les plus vives alarmes, car tous plus ou moins avaient pris part aux désordres dont Chalon avait été le théâtre. Craignant de justes représailles, ils abandonnèrent leurs maisons avec tant de précipitation qu'ils perdirent une portion notable du butin. Quelques-uns d'entre eux se noyèrent en traversant la Saône, et les traînards furent massacrés (31 mai 1562).

Rien n'égala la joie des habitants de Chalon lorsqu'ils se sentirent enfin délivrés de ces hôtes incommodes et de ces voisins turbulents (1).

Dès le lendemain de cette victoire inespérée, on vit rentrer dans la ville les habitants qui l'avaient quittée, au commencement des troubles ; à leur tête était le

(1) Selon M. Fouque, il resta un bon nombre de calvinistes à Chalon : « D'après l'édit de janvier, dit-il, ils avaient établi leur prêche hors de la ville, aux Echavannes ; leur temple était en face de l'église Ste-Marie et, sous le prétexte que leurs chants troublaient les offices de cette église, il leur fut enjoint de ne faire leurs cérémonies que lorsque le service divin du prieuré de Ste-Marie serait terminé. Non contents de cette mesure, les catholiques obtinrent bientôt la démolition du temple protestant, et le lieutenant général du bailliage et le procureur du Roi désignèrent Verdun-sur-le-Doubs aux religionnaires, pour y faire leur prêche ; mais le mauvais vouloir des catholiques les força de se retirer au Péage et de là à Courcelles, à une lieue de Chalon, où ils demeurèrent jusqu'en 1566. » Comme on le voit, le tort aux yeux de M. Fouque, est tout entier du côté des catholiques. Pourquoi, en effet, vouloir prendre des précautions, il faisait si bon vivre avec

bailli accompagné de plusieurs seigneurs, et suivi de deux compagnies de soldats, fortes chacune de trois cents hommes. Le lieutenant général arriva le surlendemain et s'occupa activement de faire réparer les parties de l'enceinte fortifiée qui étaient dégradées ; il employa à ces travaux les paysans du bailliage et toutes les personnes de bonne volonté de l'un et de l'autre sexe qui se présentèrent, car on n'avait pas un moment à perdre. Un

messieurs de la Religion réformée? Cet auteur témoigne dans tout son récit une partialité révoltante en faveur des protestants. Puisqu'il s'intéresse tant à eux, laissons le raconter lui-même les efforts qu'ils firent plus tard afin de ressaisir le terrain que leurs propres excès leur avaient fait perdre à Chalon : « En 1582, les Protestants présentèrent une requête pour obtenir l'autorisation d'établir leur prêche soit aux Echavannes, soit à Saint-Côme ou à Courcelles, ainsi que la permission de loger leur ministre dans la ville. Mais leur demande fut rejetée par les magistrats sous le prétexte que les lieux désignés étaient trop peu éloignés de Chalon et que la présence d'un ministre pourrait occasionner des troubles. Cuisery fut le lieu qu'on assigna aux Protestants pour y établir leur temple. » Les événements de 1562 suffisaient bien au delà pour justifier les craintes du maire et des échevins.

chef de huguenots, le trop fameux Poncénat, tenait la campagne avec un corps d'armée composé en majeure partie de Suisses, et menaçait de s'emparer de Chalon. Dès que la ville fut en état de défense, Tavannes donna l'ordre aux troupes cantonnées dans les environs de venir le rejoindre ; il attendit ainsi de pied ferme son adversaire qui n'osa pas se montrer, et se retira, mais non sans avoir mis à contribution le pays qu'il traversa.

Délivré de cet ennemi redoutable, Tavannes n'en continua pas moins les fortifications de la ville ; en 1563, il posa la première pierre de la Citadelle que, d'après les ordres de Charles IX, il fit élever sur l'emplacement de l'abbaye de St-Pierre et des terres environnantes. L'église St-André et quelques maisons voisines, furent également démolies et fournirent des matériaux aux ouvriers employés à cette vaste entreprise. Afin d'en hâter l'achèvement, le lieutenant général mit de nouveau en requisition tous les habitants du bailliage ; chaque bourg et village fut tenu de creuser un nombre de toises de fossés, proportionné à sa population.

Aux malheurs de la guerre civile succédèrent, en 1563, les horreurs de la
peste : « elle fit, dit Perry, de si grands
ravages dans la ville que le barreau y
fut fermé et le commerce cessa. Plusieurs
des habitants en sortirent et se retirèrent
à la campagne où ils purent. »

L'année suivante, Catherine de Médicis
entraîna son fils Charles IX dans un voyage
à travers toute la France, espérant que
sa présence calmerait les esprits et étein-
drait tout germe de rébellion. Le jeune
monarque, qui venait d'être déclaré ma-
jeur, arriva à Chalon le 31 mai 1564 et y
resta jusqu'au 3 juin. Il fit son entrée
par la porte St-Laurent, après un court
séjour au monastère de St-Marcel. « On
dressa un théâtre au coin des Gagne-
deniers, où deux belles filles eurent l'honneur de lui présenter le don de la ville.
C'estoit le portrait d'un roy d'argent
vermeil doré, qui embrassoit deux colonnes
entortillées avec la devise du roy : *pietate
et justitia*. Il foulait aux pieds une furie
d'enfer, qui avoit infecté toute la chrétienté de son venin... Ce présent pleut
au roy, ajoute Perry,... mais le compli-

ment ne fut pas fini qu'il vint descendre
dans l'église cathédrale, où il entendit les
vespres chantées par sa musique. » Le
jeune monarque se rendit ensuite dans
les appartements qui lui avaient été pré-
parés à la commanderïe du Temple, donnant sur la Saône. Sans la peste qui
sévissait toujours parmi les pauvres,
Charles IX aurait touché « les malades
des écrouelles » le lendemain', à l'église
des Carmes. Il voulut cependant visiter
les travaux de la citadelle et encouragea
les ouvriers par de bonnes paroles. A
son retour les enfants de la ville, qui
avaient dressé sur la Saône une forteresse
en forme de pyramide, lui donnèrent le
gracieux et intéressant spectacle de l'attaque et de la défense de cette place de
guerre en miniature.

Les ravages de la peste devinrent de
nouveau si effrayants que l'on fut obligé
de transporter les audiences du bailliage
au château de Germolles. Le fléau ne
cessa entièrement qu'en 1565.

Cette même année vit l'établissement
de la Mairie à Chalon. Les habitants
avaient pour cet objet présenté une requête

au Roi, dès l'année 1561. Charles IX, par son édit de septembre suivant, avait accordé l'élection d'un maire, dont les fonctions ne devaient pas durer plus d'un an, ainsi que celles des échevins et des prud'hommes. Mais les troubles, qui éclatèrent presque aussitôt après, rendirent impossible la convocation des électeurs. Elle n'eut lieu qu'en 1565, dans la salle ordinaire de l'assemblée et au jour consacré, le 24 juin. Les bourgeois de la ville et des faubourgs se réunirent aux halles afin de nommer les huit prud' hommes ; ceux-ci choisirent les quatre échevins et le lendemain, échevins et prud'hommes procédèrent à l'élection du maire, lequel prêta serment entre les mains d'un officier du Roi, commis à cet effet (1).

(1) Le premier maire de Chalon fut le sieur Regnaudin, « lieutenant général en la Chancellerie, personnage d'honneur et de probité et d'ailleurs très bon catholique et très fidèle serviteur du roy. » Voici quelques détails plus circonstanciés sur le cérémonial usité pour la nomination de nos magistrats. « Depuis que la halle a été bruslée, dit Perry, l'élection du maire et des échevins se fait dans la

La création des sergents de la mairie « établis pour servir les magistrats aux occasions qu'ils en auroient besoin et pour servir d'ornements à la ville » suivit de près l'élection du premier maire de Chalon, qui en avait fait lui-même la proposition. Ils étaient au nombre de sept

sale des Carmes, en la présence du lieutenant général ou particulier assistez des gens du Roy. Le maire élu en est averti en sa maison, d'où il est mené avec ceux qui l'ont choisi en la maison du lieutenant général ou particulier. Ils en sortent tous de compagnie. Les sergents de la mairie avec leurs manteaux aux couleurs de la ville les précédent la halebarde sur l'épaule, la pointe en haut et les conduisent dans l'église cathédrale de St-Vincent. Là, sur l'autel de la paroisse, où le St-Sacrement est gardé, il jure sollennellement et promet entre les mains du lieutenant général ou particulier, *qu'il sera fidèle au Roy, maintiendra les privilèges de la ville et fera observer les Edits et ordonnances des monnoyes.* »

Autre détail topique fourni par le même historien : « Les vignes furent gelées cette année (1565), ce qui causa beaucoup de tristesse dans toute la Bourgogne et une grande cherté de vin. Il estoit si rare qu'il n'y en avoit presque point ailleurs qu'à Chalon. Les villes de Dijon, de Beaune, d'Aussone et autres de la province y en vinrent acheter et y laissèrent beaucoup d'argent. »

et devaient être de service, chacun un jour de la semaine. Leurs manteaux étaient de drap bleu, mais l'une des manches était jaune et portait en broderie les armes de la ville, entourées de branches de laurier.

Les troubles religieux un instant apaisés recommencèrent durant l'automne de 1567. « La ville de Chalon estoit alors fort paisible et on ne s'y doutoit de rien ; les habitants estoient allez faire vendange dans les vignobles de la montagne et ne pensoient à autre chose qu'à se divertir. » Soudain on apprit « que les huguenots de Dijon et de Beaune en estoient sortis et qu'ils battoient la campagne ». Leur dessein était de s'emparer de Chalon et de la Citadelle dégarnie de soldats ; heureusement le complot fut découvert à temps. Les catholiques se tinrent sur leurs gardes (1) et la ville échappa ainsi

(1) « Durant ce temps-là, le jeune baron de Senecey, qui depuis a paru sous ce nom avec bien de la gloire, dressa une compagnie de lanciers et d'arquebusiers à cheval. Elle estoit composée de cent quarante maistres tous gentilshommes du pays et d'ailleurs. Ils estoient vestus de velours et de drap

au danger d'être prise d'assaut. Les protestants de Chalon qui avaient trempé
dans la conspiration quittèrent la ville et
rejoignirent leurs coreligionnaires (1).

Tout levain de discorde cependant ne
disparut pas avec eux, car ils laissèrent
encore quelques-uns de leurs partisans à
Chalon. Aussi de graves collisions eurent-
elles lieu l'année suivante entre protestants et catholiques, il y eut de part et
d'autre des morts et des blessés. En effet,
la paix de Longjumeau, si justement
appelée *boiteuse et mal assise,* n'avait

jaune... Le sieur de Ruffey son voisin fit aussi une
compagnie d'arquebusiers à cheval tous habillez de
velours et de drap rouge. Mais elle n'estoit pas si
nombreuse, ni si leste que celle du baron de Sennecey. Celle-ci fut mise en garnison à Givry, petite
ville à deux lieues de Chalon... » PERRY.

(1) « Les capitaines Poncenat et de Mouvans
estoient alors autour de Chalon avec sept mille
hommes tant d'infanterie que de cavalerie. Ils la
mugettoient et tachoient de les y faire entrer avec
adresse de gré ou de force. Ils s'estoient déjà appro-
chez de St-Gengoul. Sur le bruit de la marche de
cette armée, le sieur de Champrongeroux... se jeta
dans cette place. Mais n'ayant pas eu de quoy s'y
défendre, elle fut presque aussitôt prise qu'attaquée
et mise au pillage. » ID.

satisfait personne, ainsi qu'il arrive toujours, lorsqu'on veut concilier l'erreur et la vérité. Ceux qui étaient le plus favorisés, les calvinistes, furent les premiers à s'en plaindre, « de sorte qu'ils reprirent les armes qu'ils n'avoient posées que par cérémonie, avec leurs casaques blanches et leurs chapeaux blancs, marques ordinaires de leur continuelle rébellion. »

Ils organisèrent dans toute la France des *fraternités,* pour centraliser et multiplier leurs moyens d'action, et même prélevèrent des impôts afin de payer les soldats, qu'ils ne craignirent pas de faire venir de l'étranger. Les catholiques opposèrent aux fraternités protestantes les *confréries du St-Esprit,* dont le but fut la conservation de la vraie foi en France. Trompés par les tergiversations perpétuelles de la Cour et les coupables défaillances de Catherine de Médicis, ils avaient appris à leurs dépens qu'ils ne devaient pas compter sur le pouvoir royal s'ils voulaient défendre la plus chère de leurs libertés.

Ces sentiments de défiance contre la politique du chancelier de l'Hospital n'étaient que trop justifiés ; ils furent la première cause de la *Ligue* ou *Sainte-Union*. En attendant qu'une organisation définitive condense en un seul faisceau les ressources éparses du parti national, les confréries du St-Esprit s'établissent avec un entrain merveilleux surtout en Bourgogne, au vif déplaisir des calvinistes. A Chalon, les habitants se firent inscrire en grand nombre et choisirent pour siège de la confrérie l'église des Carmes ; on devait, d'après les statuts qui furent adoptés, y dire une messe chaque dimanche aux intentions des confrères et y faire une exhortation au peuple. On nomma un prieur, un sous-prieur et deux secrétaires. Le zèle des membres de cette confrérie alla si loin qu'ils empêchaient, au rapport de Perry, « que les habitants tant Catholiques que Huguenots ne sortissent les dimanches, hors de la ville pour aller faire leurs affaires à la campagne. »

De là un sourd mécontentement qui faillit dégénérer en une nouvelle guerre civile. Ponsenat instruit des dispositions des religionnaires s'était déjà présenté avec le capitaine Mouvans à la tête d'une forte troupe pour s'emparer de Chalon (1567). Après lui, le duc des Deux-Ponts, le féroce Wolfang et son frère Casimir renouvelèrent, en 1569, la même tentative mais sans plus de succès. A l'annonce que les Reitres approchaient, les magistrats, en l'absence des autorités militaires, « ne laissèrent pas de mettre incontinent la main à la besogne... Les habitants furent toute la nuit sous les armes et enseignes déployées... »

Les jours suivants, ils n'eurent pas moins bonne contenance, si bien que Wolfang fit faire volte-face aux bandes de pillards qu'il commandait et se retira sur Couches et Nolay. D'autres succès plus considérables récompensaient presque sur tous les points à la fois les généreux efforts des catholiques. Jarnac, Moncontour, et, tout à côté de notre ville, Chagny avaient vu la défaite des armées protestantes, en 1569. Mais vainqueurs sur les champs de bataille, les catholiques ne l'étaient plus dans les négociations diplomatiques ; ainsi la paix de St-Germain, signée en 1570, leur fit perdre tous les avantages des victoires précédentes.

Il n'y eut qu'un cri d'indignation en France et même à l'étranger lorsqu'on en apprit les conditions véritablement honteuses. Est-ce pour calmer les esprits irrités de tant de bassesses, et pour donner aux catholiques une sorte de cruelle compensation que Catherine de Médicis poussa son fils à une résolution exécrable, le massacre de la St-Barthélemy ? Quelques auteurs l'ont pensé. Le lieutenant général de Bourgogne, devenu maréchal de France depuis sa brillante conduite à Moncontour, appelé au conseil de la Reine, approuva ses projets sanglants et déploya une sauvage activité contre les huguenots de Paris.

Son absence de Dijon préserva la province tout entière de ces massacres inutiles autant que coupables, dont il ne faut faire remonter la responsabilité qu'à l'odieuse disciple de Machiavel. On sait, en effet, que l'Eglise n'y eut aucune part, et que, sur plus d'un point, les évêques prirent les malheureux proscrits sous leur protection. A Chalon, où le nouveau lieutenant général de Bourgogne, Chabot de Charny, avait fait, peu auparavant, son entrée solennelle, les protestants furent enfermés au palais épiscopal et ne subirent aucun mauvais traitement. Il en fut de même dans toutes les autres villes de la province, grâce au président Jeannin, qui conseilla au gouverneur d'attendre de nouveaux ordres de la Cour.

L'édit de pacification, rendu à Beaulieu par Henri III (1576), eut des conséquences aussi funestes que le traité de St-Germain.

Tant de nobles efforts, tant de sacrifices généreux, tant de sang répandu aboutissaient donc au triomphe du calvinisme ! C'est ce que se dirent avec colère tous les catholiques du royaume ; les confréries du Saint-Esprit se concertèrent aussitôt, et la Ligue ou Sainte-Union, qui fut le résultat de cette légitime et universelle irritation, prit énergiquement en main la défense de la religion abandonnée par le Roi.

Jusqu'en 1584, les Ligueurs, à la tête desquels on remarquait entre tous le duc de Guise, ne voulurent point séparer leur cause de celle de la royauté ; mais, après la mort du duc d'Anjou, frère de Henri III, quand ils virent que le chef du parti protestant était reconnu par ce prince comme l'héritier présomptif de la Couronne, ils n'hésitèrent plus à agir sans lui et même contre lui. Aux élections qui eurent lieu en 1576 pour les premiers Etats généraux de Blois, ils avaient déjà obtenu une immense majorité et forcé le Roi à se déclarer lui-même chef de la Ligue.

Le duc de Mayenne, nommé gouverneur de Bourgogne en remplacement du duc d'Aumale, tué au siège de la Rochelle, écrivit aux magistrats de Chalon pour les presser d'entrer dans « l'association que le Roy vouloit faire pour la conservation de son autorité et le repos de ses peuples. » Son frère, le duc de Guise, recevait en même temps le titre de généralissime des armées royales et s'apprêtait, dit-on, à franchir la faible distance qui le séparait du trône.

En 1588, Henri III convoqua de nouveau les États généraux à Blois. Cette assemblée, élue sous les mêmes influences que la précédente, ne garda aucun ménagement à l'égard du monarque; son premier acte fut d'ériger l'édit d'union en loi fondamentale du royaume. Irrité des trop justes remontrances que les députés des trois ordres lui avaient adressées, Henri voulut s'en venger sur le duc de Guise et le fit lâchement assassiner, ainsi que le cardinal de Lorraine.

Mayenne était à Lyon, quand il apprit le meurtre de ses frères ; il fut proclamé aussitôt chef de la Ligue et lieutenant général du royaume ; mais, averti qu'un émissaire de Henri III était chargé de l'arrêter, il vint se réfugier à Chalon, qui devint alors, en quelque sorte, le centre des opérations de l'armée catholique. Antoine Guillermy, seigneur de l'Artusie, reçut le commandement en chef de la citadelle et exerça sur la ville et sur tout le pays environnant une autorité absolue. « On ne peut exprimer, dit Courtépée, les maux que cet avare et rusé Béarnais fit souffrir aux Chalonnais. »

L'une des plus illustres victimes de sa tyrannie fut l'évêque de Chalon lui-même, Pontus de Thiard, prélat non moins distingué par ses talents que par sa naissance (1). A son retour de Blois, où il

____

(1) On sait qu'il était à la tête de la *Pléiade* poétique du XVIe siècle, « qui, sous un nom un peu

avait été envoyé, comme député, par le clergé de la province, il ne put « se résoudre de demeurer à Chalon, tandis que la Ligue y tenoit le haut du pavé. » Il se retira dans son château de Bragny, près de Verdun, qu'il embellit et augmenta. « Ce fut dans ce tranquille séjour qu'il composa, dit M. Batault, une bonne partie de ces nombreux ouvrages, dont les historiens bourguignons nous ont laissé le catalogue et qui lui ont mérité l'honneur d'être compté au nombre des poètes de la *Pléiade française*. » L'Artusie, pour se venger de Pontus de Thiard, dévasta le château de Champforgeuil, si cher à l'évêque de Chalon, et en ravagea les terres.

Henri III ne devait par tarder à expier

prétentieux, dit M. Batault, devint l'origine et comme le berceau de notre *Académie française*..... Il animait encore de son esprit, ajoute le même auteur, une autre famille littéraire plus modeste, qui vécut dans notre ville de Chalon, de 1550 à 1560, et se vouait à toutes les branches de ce que l'on appelle si bien : les *belles-lettres*..... Malgré ses fréquentes relations avec Paris et les savants de cette capitale, malgré son titre de membre de l'Académie française, Pontus de Thiard n'est pas moins une illustration bourguignonne. Presque tous ses ouvrages ont été

le meurtre du duc de Guise : il tomba à son tour sous le coup d'un assassin fanatique, le 1er août 1589. Sa mort ne causa aucun regret à Chalon, où Mayenne s'était hâté d'envoyer un émissaire, afin d'en instruire les magistrats. C'est aussi à son instigation qu'une assemblée générale des habitants de la ville eut lieu le 30 du même mois, dans la grande salle des Carmes ; tous y renouvelèrent le serment « d'employer leur vie, leurs moyens et leurs facultés pour le soutien de la religion catholique, apostolique et romaine. »

Les circonstances étaient critiques : chacun se demandait avec anxiété si le royaume très chrétien n'allait pas devenir la proie de l'hérésie. Henri IV, en effet,

composés à Bissy-sur-Fley, à Mâcon, à Chalon, à Bragny ; et il eut pour amis les écrivains chalonnais, dont nous avons parlé : les Virey, les Pontous, les Clerguet, les des Autels, les Philibert Guide, les Tabourot, les Saint-Julien, les Durand, l'avocat Robert, les Descousu, etc., etc. » Le lieu où ces *disciples des Muses*, comme les appelle le P. Jacob, aimaient à se réunir était le jardin des Capucins, situé à St-Jean-des-Vignes, au climat qui conserve encore ce nom. C'est là que la pléiade des Chalonnais poètes et historiens se livrait à ses entretiens académiques.

malgré l'opposition des Ligueurs et l'abandon où le laissèrent un grand nombre de seigneurs de l'armée royale, avait succédé au dernier des Valois et parvenait, au prix des plus héroïques efforts, à conquérir le trône où sa naissance lui donnait le droit de s'asseoir ; mais la religion qu'il professait ne le rendait-il pas incapable de régner sur un peuple dont l'immense majorité était catholique ? En Bourgogne on en était plus convaincu que partout ailleurs ; on résolut donc de redoubler d'énergie et de vigilance contre les prétentions des huguenots. C'est ce qui explique pourquoi les lieutenants de Henri IV ne s'y maintinrent que très difficilement.

Nous n'avons pas à raconter l'échec que le duc d'Aumont essuya sous les murs d'Autun, en 1591. Forcé d'en abandonner le siège, il se porta sur Chalon avec le dessein de s'emparer de la Citadelle soit par force, soit par ruse. L'Artusie lui fit proposer de livrer la place au Roi, moyennant dix mille écus, que le duc s'engagea aussitôt à payer. Un conseiller au parlement de Dijon fut livré comme otage et comme garantie de la somme convenue ;

vingt soldats de l'armée royale pénétrèrent
en même temps par une poterne dans la
place, selon ce qui avait été stipulé. Mais
à peine furent-ils en la possession du
commandant, qu'ils les fît garotter et
charger de chaînes ; le canon de la Citadelle obligea pareillement le duc d'Aumont
à renoncer au fol espoir qu'il avait formé
de s'emparer de Chalon. Les bourgeois,
instruits des manœuvres de l'Artusie, le
félicitèrent hautement de son habileté et
firent chanter un *Te Deum* d'action de
grâces.

Malgré le peu de succès de sa première
tentative, le général royaliste essaya d'en
renouer une seconde et chargea les pré-
sidents Frémyot et Crespy de traiter avec
l'Artusie, lequel leur avait livré un passe-
port en bonne et due forme. Afin de
n'éveiller aucun soupçon, il fut convenu
qu'ils se rendraient à Chalon, habillés
comme les gens de la campagne ; mais au
dernier moment les deux magistrats,
redoutant un nouveau piège, s'excusèrent
et dirent « que, bien loin d'entrer dans la
Citadelle en habits de païsans, ils ne vou-
droient pas y entrer en habits d'évêque. »

· La garnison du château de Montaigu qui tenait pour Henri IV, fatiguait la ville et les environs par des excursions nombreuses. A la prière des échevins, le duc de Nemours en entreprit le siège qu'il conduisit avec une grande habileté. Laboriblanque, neveu de l'Artusie, reçut le commandement de ce poste avancé que les royalistes avaient été contraints d'abandonner.

Le 1er novembre 1591, le duc d'Aumont reparut sous les murs de Chalon ; cette fois il dirigea son attaque contre le faubourg Saint-Laurent, mais sans plus de succès. Les assiégés firent une sortie si vigoureuse qu'il n'eut que le temps de se retirer précipitamment sur Verdun.

Cette ville avait embrassé le parti du Roi et donnait de grandes inquiétudes aux habitants de Chalon. Le duc de Nemours avait promis de s'en emparer aussi facilement que du château de Montaigu ; comme il différait de jour en jour l'exécution de sa parole, le vicomte de Tavannes, devenu lieutenant général de Bourgogne par la démission du baron de Sennecey, entreprit lui-même le siège de Verdun (1592).

Mais tous ses efforts furent inutiles ; le sieur de Bissy, commandant de la place, tint bon et déjoua par sa fermeté les ruses de son adversaire.

Alors les magistrats de Chalon eurent recours aux négociations et sollicitèrent humblement la médiation de Pontus de Thiard, oncle du gouverneur de Verdun, afin d'être délivrés des incursions de ses soldats. Tavannes fit rompre lui-même les pourparlers, et le sieur de Bissy continua ses attaques contre la ville et ses escarmouches à travers toute la banlieue, jusqu'à ce qu'enfin il eût trouvé la mort, dans une rencontre près de Beaune. Cependant, au milieu même du tumulte des armes et des embarras de la guerre, Henri IV pensait à se réconcilier avec l'Eglise ; s'il avait résisté jusqu'à ce jour aux sollicitations de ses amis catholiques, c'est qu'il ne voulait pas que sa détermination pût paraître inspirée par la politique. Il fit choix de plusieurs prélats distingués pour dissiper tous ses doutes, et parmi eux nous remarquons l'évêque de Chalon, Pontus de Thiard.

Henri lui écrivit de Nantes, le 18 mai

1593, une lettre des plus flatteuses ; malheureusement les Ligueurs lui ayant refusé un passe-port, notre prélat ne put se rendre aux désirs du Roi, dont l'abjuration eut lieu peu de temps après.

Nous n'avons pas à rappeler ici quel immense retentissement eut sur tous les points de la France la nouvelle que le Roi était rentré dans le giron de l'Eglise. A partir de ce moment, la Ligue cessa d'avoir un but. Aussi la vit-on s'affaiblir sensiblement puis disparaître tout à fait. « Mais, dit un historien, peut-être on eut tort d'immoler par le ridicule et la satire une résistance héroïque, qui avait conservé le catholicisme à la France. »

On vit durant quelques mois encore, Mayenne souffler le feu de la guerre civile, sous prétexte que la conversion de Henri IV n'était pas sincère. La ville de Chalon, où il comptait un si grand nombre de partisans dévoués lui servit de quartier général, pour rayonner dans toute la Bourgogne et la maintenir sous son obéissance. A la tête de six cents hommes, il marcha accompagné du vicomte de Tavannes contre le château de

Brancion, dont le commandant s'était déclaré en faveur du Roi et s'en empara. Il fut moins heureux à Verdun ; le gouverneur de cette place continuait de ravager les campagnes situées dans la banlieue de Chalon et emmenait tout ce qu'il rencontrait sur son passage. Les magistrats ne virent d'autre moyen pour faire cesser des dépradations aussi funestes que d'offrir au comte de Verdun une somme d'argent considérable, au prix de laquelle il suspendrait tout acte d'hostilité à l'égard des Chalonnais, ce qui fut agréé.

Chacun était las de la guerre et en désirait la fin : pourparlers, négociations, prières publiques (1), tout fut employé à Chalon pour atteindre un résultat si heureux. Seuls les hommes d'armes et leurs

____

(1) « Le Saint-Sacrement, dit Perry, fut exposé dans la cathédrale et les prières y furent commencées de jour et de nuit. Il y avoit toujours quatre prestres devant son auguste et adorable présence, qui demeuroient deux heures en oraison, et n'en sortoient point qu'ils ne fussent relevez par autant de prestres. Le département des hommes fut assigné au costé gauche du grand autel. Ils estoient toujours quatre en prières et se relevoient l'un à l'autre. On

chefs s'accomodaient assez bien d'un tel
état de choses. Ils firent même tout afin de
prolonger la résistance des Ligueurs obstinés. Ainsi l'Artusie donna l'ordre d'enfermer dans la Citadelle un certain nombre
de notables habitants de Chalon, qu'il
accusait, peut-être non sans raison, d'avoir
conspiré pour rendre la ville au Roi ; mais
craignant que cette arrestation arbitraire
n'occasionnât une émeute, il établit,
sur la place du Châtelet, un poste de
quatre-vingts soldats prêts à se porter
où besoin serait. Malgré toutes ces mesures
de rigueur, rien ne pouvait plus arrêter
le magnifique mouvement qui ramenait
les esprits et les cœurs à Henri IV.

La soumission de Beaune et de Tournus, la prise du château de Champforgeuil
surtout resserra de plus en plus le cercle

fit un oratoire dans la chapelle du chœur, dédié à
Notre-Dame pour les femmes et les filles. Il y en
entroit six à chaque fois, trois femmes et trois filles,
et demeuroient en prières autant de temps que les
hommes... Enfin pour terminer cette dévotion qui
dura trois semaines, on fit une procession générale
autour de la ville le jour de l'Exaltation de la Sainte-
Croix. Le peuple y assista en habit blanc. »

étroit, où Mayenne déployait sa fiévreuse activité. « A la bataille de Fontaine-Française, gagnée sur les Espagnols, qui étaient accourus à la curée, le Roi ruina les dernières espérances des Ligueurs ; Mayenne lui-même songea à faire sa soumission. Une trève de trois mois fut signée par le chef de la Ligue et les envoyés de Henry, le 23 septembre 1595, au château de Taisey, et publiée à son de trompe dans tous les quartiers de la ville. »

Mayenne quitta aussitôt Chalon, mais il y laissa son fils et la princesse, sa femme, qui le rejoignirent plus tard à Soissons, lieu de sa retraite.

La trève signée au château de Taisey fut transformée en paix définitive, au mois de janvier 1596, par le traité de Folembrai. Mayenne y obtint des conditions très avantageuses pour lui et les siens : le Roi donnait pleine satisfaction, au moins temporairement, à la délicate susceptibilité des catholiques chalonnais (1); les actes

(1) Le premier article du traité était ainsi conçu : « Nous voulons qu'ès villes de Chalon, de Seurre et

17

faits et publiés par les autorités régulières
de la Ligue étaient déclarés bons et vala-
bles; il fut stipulé, en outre, que personne
ne serait inquiété, au sujet de la conduite
qu'on aurait tenue pendant les troubles (1).

« La nouvelle de la paix, dit le P. Perry,
ne fut pas apportée à Chalon qu'elle ne
transporta d'aise tous les esprits. Elle arriva le jour de la feste de l'Ascension de
Notre-Seigneur. Ce jour de triomphe et

Soissons, lesquelles nous avons laissées pour villes
de sureté à notre dit cousin Mayenne pour six ans,
ny au bailliage du dit Chalon, dont nous avons accordé le gouvernement à l'un de ses enfants, séparé
pour le dit temps de celuy de Bourgogne, et à deux
lieues aux environs de la dite ville de Soissons, il
n'y ait autre exercice de religion que de la catholique, apostolique et romaine, durant les six ans, ny
aucunes personnes admises aux charges publiques et
offices, qui ne fassent profession de la dite religion. »

(1) Le duc de Mayenne obtint par le même traité
l'établissement d'un présidial pour la ville de Chalon.
On sait que ces tribunaux, dont l'institution ne remonte qu'à l'année 1553, avaient des attributions
analogues à celles de nos tribunaux actuels de première instance; mais ils étaient à la fois civils et
criminels. Chaque présidial se composait de neuf
magistrats. Celui de Chalon étendit sa compétence
sur tout le bailliage.

de joye fut d'un heureux présage pour les réjouissances que témoigna la ville et par les feux de joye qu'elle alluma. Sur les quatre heures du soir de ce jour, on fît une procession générale, et, au retour, le *Te Deum* fut chanté en musique dans l'église cathédrale. » On passa, ajoute le même historien, au cou de Mayenne et « au sieur de l'Artusie une escharpe blanche », et les feux de joie furent allumés, sur la place du Châtelet, par le prince lui-même, quoique très souffrant.

C'est aussi en l'année 1596 que Cyrus de Thiard succéda à son oncle Pontus sur le siège épiscopal de notre ville. Nous verrons bientôt combien son administration ferme et éclairée fut féconde en fondations pieuses et charitables.

Cependant, Chalon et sa banlieue ne jouissaient pas encore d'une sécurité complète. Un aventurier qui se faisait appeler Lafortune s'était emparé de Seurre (1), après en avoir tué le gouverneur, et il s'y

______

(1) « Il semble, remarque Perry, que cette place de Seurre soit fatale à la province, mais encore plus particulièrement au bailliage de Chalon, dans lequel elle est enclavée. »

comportait « avec une si haute insolence qu'il ne vouloit reconnoistre ni le Roy, ni le duc de Mayenne. » Ses gens dévastaient les campagnes et commettaient tous les jours les plus horribles cruautés. « Le prince de Mayenne, qui estoit alors à Chalon, commanda aux villages de s'assembler au son du toscin et de courir sur ses soldats ainsi que sur des voleurs. Aussi ne valloient-ils pas mieux. » Il ne put, malgré son grand courage, se rendre maître de la place que Lafortune garda encore près de deux ans. Henri IV fut plus heureux au siège d'Amiens (1597) (1). La paix de Vervins, signée l'année suivante, termina enfin la longue période des guerres de religion. A Chalon, « elle fut publiez de par le Roy et par les ordres du prince

(1) « Prenons, dit à ce sujet notre naïf chroniqueur, des lauriers à la main et jonchons la terre de lys, tandis que le grand Henry reprend en lyon avec ses armes la ville d'Amiens, qui avait été surprise en singe avec des noix. Le prince de Mayenne n'eut pas reçu la nouvelle de ce glorieux succès, que la résolution fut prise d'en rendre grâce à Dieu. » La reconciliation du chef de la Ligue avec le Roi, était d'autant plus complète qu'il avait été plus difficile de l'opérer. Son fils, le jeune prince de

de Mayenne le 13me jour de juin. Le lendemain, jour de dimanche, après la grand' messe, on fit une procession générale par la ville, au retour de laquelle le *Te Deum* fut chanté avec les cérémonies ordinaires, en action de grâces d'un bonheur si signalé..... (Le soir) deux enfants de chœur, dont l'un représentoit la Paix et l'autre la Justice, chantèrent au dehors de l'église le psalme de David 141. Les musiciens qui estoient au dedans de la même église leur répondirent d'une belle manière et avec un ravissant concert de voix et d'instruments. Après, les deux enfants de chœur s'approchèrent l'un de l'autre et s'embrassèrent pour marque de réconciliation de ces deux vertus, qui se donnèrent de réciproques et de mutuels baisers..... Toute la ville fut comblée de joye

Mayenne, resta encore six ans à Chalon. Quand il quitta notre ville, il fut universellement regretté des habitants, dont il avait su gagner l'affection par sa douceur et son aménité. Un de ses caprices de prince était de nourrir un ours dans sa maison ; mais ayant su que les Chalonnais en murmuraient, il donna aussitôt l'ordre de le tuer. « Il se divertissoit avec les jeunes gens avec autant de familiarité que s'il eût été de mesme condition. »

qu'elle continua durant un mois. On voyoit par les rües des tables dressées, où les voisins en jouez se traittoient à l'envy l'un l'autre. » Nous avons pris plaisir à donner tous ces détails sur les fêtes et les divertissements par lesquels nos ancêtres témoignèrent leur bonheur du rétablissement de la paix.

En vérité, ils pouvaient se féliciter d'un résultat si inespéré. La France, après avoir reconquis son Roi, rentrait en possession d'elle-même, et une ère de prospérité allait être la récompense des sacrifices qu'elle avait généreusement acceptés pour la conservation de sa foi.

CHAPITRE X

NOUVELLES FONDATIONS PIEUSES

Renaissance catholique : les Cordeliers, les Minimes, les Capucins. Communautés de femmes : les Carmélites, les Dominicaines, les Ursulines, la Visitation, l'hôpital de St-Laurent, la Charité ou l'hospice St-Louis ; maisons d'éducation, le Collège, le Séminaire.

Ce fut pendant le règne de Henri IV et sous l'administration du cardinal de Richelieu, que l'on vit s'accomplir en France la véritable réforme de l'Eglise, dont le faux prétexte avait servi à Luther et à Calvin pour susciter en Europe les plus grands bouleversements. Avant la fin du Concile de Trente, les Souverains-Pontîfes avaient déjà fait disparaître les abus que l'on reprochait à leur gouvernement ; l'œuvre de la réformation ecclésiastique fut ainsi accomplie par ceux-là seuls qui avaient mission de l'entreprendre et de la mener à bonne fin. Elle fut suivie d'une admirable renaissance de la vie catholique ; les anciens ordres monas-

tiques brillèrent d'un vif éclat et un grand
nombre de congrégations nouvelles se
formèrent, soit pour la prédication, soit
pour l'enseignement et l'éducation de la
jeunesse, soit pour le soulagement des
malades. Nous devons donc raconter ici
la création à Chalon des diverses communautés religieuses qui datent de cette
époque et qui ont attesté alors, dans notre
cité, la puissance merveilleuse de la vita-
lité de l'Eglise.

Le premier établissement dont nous
ayons à parler, quoiqu'il remonte par sa
fondation au milieu du XVme siècle, est
le couvent des Cordeliers ou religieux de
S. François d'Assise. Janus d'Or, officier de Philippe le Bon, fit venir de Dôle,
en 1452, six religieux de cet ordre célèbre,
et leur donna une maison et un jardin
qu'il possédait au faubourg St-Laurent.
Les libéralités, dont les combla le duc
de Bourgogne, leur permit ensuite d'y
construire un magnifique monastère, ainsi
qu'une église renommée à cause de la
hardiesse de sa voûte. En 1562, les
Huguenots pillèrent la maison et dévastèrent la bibliothèque qui était riche en

livres et en tableaux précieux. Jean de
Portugal, frère du roi Alphonse V, si on
en croit les chroniqueurs chalonnais,
prit l'habit religieux dans ce monastère,
en 1481, et y mourut en odeur de sainteté,
le 14 juin 1524 (1).

Durant son séjour à Chalon, en 1595,
le duc de Mayenne y appela des Minimes, qui s'installèrent au quartier de La
Motte, à la grande joie des habitants.
Ceux-ci toutefois se réservèrent « le droit
de faire enterrer leurs morts dans l'église
et le cimetière » de ce nom. Françoise
Languet, veuve de Robert de Pontoux,
fut la fondatrice de ce nouveau monastère
et posa, en 1600, la première pierre de
l'église, qui fut consacrée en 1603, par
Cyrus de Thiard, sous le vocable de
Notre-Dame de Consolation. Au nombre
des bienfaiteurs insignes de ces fervents
religieux, il faut compter les d'Uxelles,

(1) Le couvent des Cordeliers devint une prison,
pendant la Révolution ; il sert aujourd'hui de caserne
d'infanterie ! Leur église haute de 63 pieds, large
de 41 et longue de 183, n'était soutenue par aucun
pilier à l'intérieur de la nef.

dont les mausolées (1) ornèrent la chapelle de St-François de Paule, ainsi que la plupart des grandes familles du Chalonnais. Les Minimes de Chalon se firent bientôt remarquer, en effet, par leur régularité et leur vaste érudition (2) ; ils avaient réuni une magnifique bibliothèque, renfermant de nombreux et importants ma-

(1) Courtépée mentionne d'une manière expresse : 1° le tombeau d'Antoine du Blé, marquis d'Uxelles, dont la mère était une de la Haye, et qui fut enterré avec sa femme Catherine de Bauffremont. Leurs statues étaient en marbre blanc et portaient l'inscription si connue : *en tout temps du Blé* ; *bonne est la Haye autour du Blé ;*

2° Le mausolée de Louis du Blé, tué au siège de Gravelines, en 1658 ; une figure allégorique représentait la France lui offrant le bâton de maréchal.

Au fond de la chapelle de la Sainte-Vierge, était le buste d'Étienne Bernard, député aux Etats de Blois et qui fut le père du célèbre Claude Bernard, surnommé le *pauvre prêtre*, mort à Paris en odeur de sainteté en 1641, après avoir donné à Chalon les plus beaux exemples de charité et de désintéressement.

Enfin la chapelle dédiée à S. Philippe de Néry contenait le caveau des de Mailly, dont les libéralités avaient permis d'édifier une partie du couvent.

(2) Citons parmi les plus célèbres, le P. Chapot, de Chalon ; le P. Guérin, également de Chalon ; le P. Languet et surtout le P. Bertaut, l'auteur de l'*Illustre Orbandale*.

nuscrits ; mais elle a été dispersée, en
1790, après la suppression du monastère
lui-même, devenu une propriété particulière.

Quoique situé à St-Jean-des-Vignes,
le couvent des Pères Capucins n'en était
pas moins regardé comme faisant partie
de la ville de Chalon. Il fut fondé, en 1604,
à la suite d'une mission donnée avec
beaucoup de succès par ces fervents disciples de S. François, et sur la demande
réitérée des magistrats et de l'évêque
Cyrus de Thiard. Une souscription publique et les généreuses offrandes des
seigneurs de Sennecey et de Bellegarde
permirent de lui donner de belles proportions, en sorte qu'il fut l'un des plus
remarquables de la province. Les Chanoinesses de Remiremont offrirent à
leur tour les matériaux de l'ancienne
Eglise de Marlou, près du château de
Germolles, qui leur appartenait. On y
trouva, dit le chroniqueur, « une quantité
de pierres de taille si bien ajustées qu'il
sembloit qu'elles n'attendoient autre chose
sinon qu'on les mît en besogne. » Aussi
le zélé promoteur de cette œuvre, Cyrus

de Thiard, eut-il la consolation de pouvoir consacrer le nouveau sanctuaire dès l'année 1609. A Chalon, comme partout ailleurs, les Capucins se sont constamment prodigués avec un entrain admirable pour le soulagement des pauvres et des malheureux. En 1628, la peste exerça d'affreux ravages parmi les habitants de Chalon ; on les vit alors se multiplier et voler sur tous les points à la fois au secours des pestiférés ; plusieurs d'entre eux payèrent de leur vie leur généreux dévouement (1).

L'ordre chronologique, autant que le caractère de leur institution, nous amène à parler également des communautés de femmes qui se sont établies dans notre ville à cette époque. Les Carmélites de Dijon envoyèrent, en 1610, un pieux essaim

(1) En l'année 1643, ils parcoururent en apôtres intrépides presque toutes les paroisses du diocèse de Chalon. Ils prêchèrent avec un succès merveilleux à Chagny, Givry, St-Gengoux, St-Julien, Sennecey, au Mont-Saint-Vincent, et « étendirent leur zèle aux villages qui estoient autour de ces petites villes et de ces gros bourgs... Dieu bénit leurs travaux de telle sorte qu'ils écoutèrent plus de dix mille confessions générales. On en vit bientôt le fruit par un notable changement de mœurs parmy le peuple. »

de leur ruche mystique qui vint s'abriter
au monastère des Clarisses du faubourg
Ste-Marie. Cette maison, de fondation
ancienne (1378), était tombée dans un
déplorable relâchement. Il ne fallut rien
moins que le zèle ardent de la demoiselle
de Pontoux, Françoise Languet, pour
mener à bonne fin une œuvre si difficile.
Nous l'avons déjà vue s'employer de
tout son pouvoir à l'installation des religieux Minines; ce fut encore grâce à elle
que l'établissement des Carmélites en lieu
et place des religieuses de Ste-Claire pût
être terminé si promptement.

Dieu l'en récompensa en suscitant dans
sa famille une de ces âmes d'élite qui
n'ont de terrestre que leur enveloppe
mortelle. Eugénie de Pontoux embrassa
la règle austère de Ste-Thérèse, et mourut au Carmel de Chalon, le 26 avril 1654,
dans les plus touchants sentiments de foi
et d'amour de Dieu. Cette sainte fille
portait en religion le nom de sœur Marie
des Anges qu'elle a rendu impérissable
dans les annales de son ordre (1).

(1) En 1790, la tourmente révolutionnaire dispersa
violemment les vingt-et-une religieuses qui occupaient

Les Dominicaines ou Jacobines vinrent également de Dijon se fixer à Chalon, en 1621, sur la paroisse de St-Georges. Leur communauté qui était très pauvre, n'avait qu'une chapelle et un jardin; on leur avait même fait défense de recevoir des novices, mais elles eurent ensuite toutes facilités pour se recruter jusqu'au jour où elles subirent le sort commun réservé aux ordres religieux par la franc-maçonnerie triomphante. Leurs bâtiments étaient situés entre la rue de La Motte et la place de Beaune. Ils sont actuellement au faubourg de la Citadelle.

C'est à dame Abigaïl Mathieu que les Ursulines durent leur établissement à Chalon, en 1627. Cette généreuse bien-faitrice des pauvres mit à sa fondation la clause expresse que les religieuses recevraient gratuitement et à perpétuité quatre jeunes filles de la ville choisies parmi les familles nécessiteuses. La maison des Ursulines reçut d'importants agran-

alors le Carmel de Chalon. Le nouveau monastère fut établi, en 1827, sur l'emplacement de l'ancienne église de La Motte et du cimetière de ce nom.

dissements, lorsque l'évêque François de
Madot réunit à leur communauté le monastère de St-Gengoux-le-Royal qui était
du même ordre (1752). Elle forma alors
presque tout un côté de la place, des
Carmes, en face de l'église St-Pierre.
La chapelle surtout était fort belle ; mais
à la Révolution tout fut aliéné et les
pieuses institutrices dispersées (1).

Chalon était trop près de Dijon pour
ne pas voir s'élever dans son enceinte un
monastère de la Visitation, dont la fondatrice, comme on le sait, appartenait à
l'une des premières familles de Bourgogne (2).

Les filles de Ste-Chantal vinrent à Chalon en 1636, sous la conduite de Hiéronime de Villette et y créèrent un magnique monastère, dans le voisinage de

(1) Aujourd'hui encore l'église des Ursulines sert
d'écurie et de remise à un hôtel. Qui lui rendra sa
destination primitive ?

(2) En 1658, Louis XIV ne voulut point quitter
Chalon sans avoir visité auparavant le monastère
de la Visitation. La Reine, qui l'avait accompagné,
voulut y assister à la messe « et communia avec
son ordinaire piété. Elle y disna » ensuite.

celui des Ursulines. Leur église richement
ornée fut consacrée, en 1653, par l'évêque
de Chalon, Jacques de Neuchèze. Après
avoir été pendant quelque temps une
propriété particulière, le couvent des
Visitandines est redevenu de nos jours
un asile de la prière et de la charité
chrétienne. Les sœurs de Nevers y élèvent
aujourd'hui une partie des jeunes filles de
la ville, et en même temps y donnent
généreusement abri à de nombreuses
orphelines, auxquelles elles servent de
mères, avec quelle tendresse, quel dévouement, Dieu seul le sait !

Le transfert des hôpitaux de Chalon au
faubourg St-Laurent remonte à l'année
1519. Consulté par les habitants sur un
nouvel emplacement à donner à la Maison-
Dieu, l'amiral Chabot-Brion indiqua la
rive gauche de la Saône et donna la
majeure partie du terrain. Les nouveaux
bâtiments s'élevèrent rapidement, grâce
aux libéralités des premières familles de
Chalon. A la longue liste des bienfaiteurs
de cette maison, il convient d'ajouter les
noms de Louis XIII et de Louis XIV, qui,
à différentes époques, ont généreusement

contribué au bien-être des pauvres malades. La grande salle, due au président Baillet, fut terminée en 1571 ; Abigaïl Mathieu, que nous avons déjà rencontrée à la fondation des Ursulines, posa la première pierre de l'infimerie en 1649 (1). Par lettres patentes de décembre 1696, la Maison St-Eloy de Rully et la Maison-Dieu de Givry ont été réunies à l'hôpital de Chalon ainsi que leurs revevus, mais à la condition que les malades de ces deux bourgs y seraient admis au même titre que ceux de la ville.

(1) « L'apothicairerie, dit Courtépée, est due à la générosité d'Ant. Guillier, avocat, d'Elisabeth Tapin, son épouse ; de Pierre Tapin, chantre de la cathédrale et de Jean Foucault. Le docteur Nic. de Pontoux légua cinquante livres de rente pour le médecin, à la nomination de ses héritiers conjointement avec le bureau. C. Perrault, maire zélé, en a fait nommer deux et deux chirurgiens. La sœur Ponsard, de la famille Quarré, a fondé les onguents et les sirops pour les pauvres externes de la ville et de la campagne. Parmi les autres bienfaiteurs, on distingue Jean-Baptiste Vitte, avocat, protonotaire-apostolique, qui a laissé cinq cent soixante-six livres de rente pour qu'un jésuite ou un oratorien ou un minine fît une instruction aux malades les mardis et les vendredis. »

Nous ne dirons rien des fondations contemporaines, ni des embellissements apportés à l'hôpital de Chalon au siècle dernier et dans le nôtre; d'une part, nous craindrions de blesser la modestie des familles bienfaitrices, de l'autre, nous n'apporterions aucun document nouveau; tout le monde connaît et admire la gracieuse façade qui longe la Saône, « dont les murmures endorment les douleurs des malades » et le dôme élégant surmonté d'une belle croix dorée que l'on aperçoit au loin dans la plaine (1).

Nous n'ajouterons qu'un mot sur la direction intérieure de l'hôpital. Elle a toujours appartenu aux sœurs hospitalières de Ste-Marthe. Originaire de Belgique, leur costume si pittoresque rappelle

___

(1) La chapelle renferme plusieurs tombes historiques qu'il serait trop long même d'énumérer. On y admire les sculptures en bois de la chaire à prêcher et des deux portes placées vis-à-vis l'une de l'autre. « Rien n'est correct et pur, dit M. Fouque, comme ces meubles du XVII° siècle; tout y est parfait; l'exécution est pleine de verve, l'ornementation en est riche et merveilleuse et rappelle les délicieuses ciselures sur bois des tailleurs d'images du XI° siècle. »

celui des béguines de Malines. « Dans tous les actes, dit Courtépée, elles ne prennent que la qualité *de servantes des pauvres*; c'est en vertu de ce titre que les directeurs donnent annuellement à chacune *une paire de souliers et deux livres de savon, par espèce de gage.* Le premier jour de l'an, les magistrats vont visiter la maison ; la maîtresse présente alors les clefs au maire, qui lui répond *qu'elles sont en main de confiance...* Quel zèle admirable, poursuit l'historien de la Bourgogne, dans des filles qui souvent du sein des délices et de l'opulence se consacrent au ministère obscur, très pénible, plus dégoûtant encore du service des infirmes ! »

Bien que l'hospice de la Charité, situé au faubourg Ste-Marie, soit de fondation plus récente (1684), nous nous garderons de le passer sous silence. Il est dû en grande partie à la munificence de Louis XIV, que l'évêque de Chalon, Henri-Félix de Tassy, sut intéresser aux pauvres de sa ville épiscopale, de là le nom d'*hospice Saint-Louis* qu'il porte encore aujourd'hui. Par lettres patentes de 1692, le grand roi autorisa notre zélé prélat à y « établir des manufactures et des ateliers, et à prendre dans la ville les artisans nécessaires et capables de démontrer leur état aux enfants pauvres. » Jadis une distribution de pain était faite chaque dimanche aux indigents de la ville. Avant la Révolution « des filles pieuses, habillées de noir, portant une croix de vermeil » dirigeaient cette maison, qui entretenait plus de cent enfants et quarante vieillards (1).

A la même époque, « quatre sœurs grises ou de charité, tenaient école publique, visitaient les malades et distribuaient les bouillons, remèdes et autres secours aux pauvres de toutes les paroisses, sous l'administration d'un bureau autorisé, présidé par l'évêque et en son ab-

(1) Aujourd'hui ce sont les sœurs de la Charité, dites de Nevers, qui continuent à l'égard des uns et des autres le même office de zèle et de dévouement. « On a élevé, il y a quelques années, de nouveaux bâtiments qui ont pour ainsi dire doublé ceux qui existaient déjà. L'église renferme quelques tableaux qui ne sont pas sans mérite. C'est là aussi qu'a été déposée la statue de la Vierge qui ornait la chapelle du pont sur la Saône. » Fouque.

sence par le doyen, administrateur-né (1). »
C'est l'hospice de la Providence encore
aujourd'hui dirigé par les vaillantes filles
de St-Vincent-de-Paul. Primitivement il
était situé près du pont St-Laurent, le
long de la rive droite de la Saône. La
nouvelle installation, dans une portion trop
restreinte de l'ancien palais épiscopal, ne
lui a fait abandonner aucune des œuvres
de charité pour lesquelles il avait été
institué, sauf peut-être l'instruction gratuite
des jeunes filles qui en a été momentanément, espérons-le, distraite, dans un but
facile à deviner.

Ce serait une grave erreur de penser,
comme certains affectent de le répéter
sur tous les tons, qu'avant la Révolution
on n'avait rien créé pour répandre l'instruction dans les classes ouvrières. Le
diocèse d'Autun comptait à lui seul plus

(1) Nous ne pouvons que signaler l'admirable
association des *Dames de la Miséricorde* qui viennent
en aide aux malheureux avec le zèle et le dévouement que chacun sait. La fondation de cette pieuse
confrérie de charité remonte à l'année 1638. M. Batault, l'auteur de l'histoire des *Hôpitaux de Chalon*,
avait déjà écrit celle des *Dames de la Miséricorde*.

de 274 écoles, celui de Chalon n'en avait pas un moins grand nombre, si nous en jugeons par le chiffre relativement considérable des maisons d'éducation qui existaient dans la ville elle-même. Nous connaissons déjà l'importance de l'établissement des Ursulines et l'objet principal de sa fondation, qui était l'instruction gratuite des enfants pauvres de Chalon. En outre, les filles de l'Enfant-Jésus, dites *sœurs noires*, à cause de leur costume si modeste, avaient été appelées dans notre antique cité « pour tenir écoles gratuites de filles. » Nous ne tarderons pas de voir que l'enseignement des jeunes gens était encore mieux organisé à tous les degrés.

Mais avant de rapporter les incidents divers qui ont marqué la fondation du collège et du séminaire de Chalon, nous croyons utile de faire connaître une curieuse corporation formée par les enfants de la ville, en état de porter les armes. Nous les avons déjà vus, à l'arrivée de Charles IX à Chalon, organiser entre eux une représentation militaire qui plut singulièrement au jeune monarque. Il faut croire que les troubles dont notre cité fut

le théâtre pendant si longtemps avaient
singulièrement développé en eux des ins-
tincts guerriers, car les annales de Chalon,
à cette triste époque, nous les montrent à
chaque instant sous les armes, rivalisant
d'ardeur avec les soldats de la citadelle,
contre les ennemis du dehors et aussi
quelquefois contre les paisibles habitants
de la ville. Un de leurs méfaits les plus
célèbres fut l'arrogance qu'ils déployèrent
au passage du cardinal de Florence, légat
du Saint-Siège à Paris.

Ce vénérable prélat retournait à Rome
après avoir très heureusement rempli sa
mission, aussi importante que délicate.
Les magistrats de Chalon allèrent à sa
rencontre et lui firent avec le plus louable
empressement les honneurs de leur cité.
Soudain, « il se fît un grand bruit, raconte
le P. Perry; les enfants de la ville, qui estoient sous les armes, avoient pris un des
mulets de la litière qui portoit le légat et
alléguoient pour raison que c'estoit un
droit qui leur appartenoit dans de pa-
reilles entrées. » Comme les échevins les
avaient obligés à réparer au plus tôt leur
plaisanterie inconvenante, « le Prince des

enfants de la ville, mandé devant le prince de Mayenne, qui estoit encore gouverneur de Chalon, s'oublia si fort du respect qu'il lui devoit, qu'il fut si insolent que de mettre l'épée à la main en sa présence. »

Laissons le P. Perry nous donner lui-même, à l'occasion de l'arrivée à Chalon du duc de Biron, que Henri IV avait placé à la tête de la Bourgogne, les statuts vraiment intéressants de cette corporation, qui prenait son rôle si au sérieux et défendait ses privilèges avec tant d'opiniâtreté. « Les enfants capables de porter les armes, dit-il, s'assemblèrent dans une maison qui appartenoit à leur corps, pour procéder en la présence du maire et des eschevins à l'élection d'un chef, qu'on appeloit l'abbé... On ne le choisissoit que pour la première entrée des roys ou des gouverneurs de la province. Il avoit un certain droit qu'il levoit sur les hommes qui épousoient des femmes qui avoient esté déjà mariées, et on l'appeloit le droit des folles vieilles ; mais il se commettoit tant d'abus et de désordre à raison de cette charge et ensuite de la levée de ce droit, que les magistrats ont été contraints

de l'abolir ; de sorte qu'on n'en parle non
plus que de l'élection d'un roy, que les
mesmes enfants de la ville choisissoient
tous les ans, le jour des Innocents. Elle se
faisoit avec tant de bruit et tant de confu-
sion, et obligeoit les parents de celuy qui
avoit été élu à une si grande dépense,
qu'ils ne pouvoient bien souvent se résoudre à la faire. Il avoit tous ses officiers
qu'il falloit traiter splendidement la veille
et le jour qu'ils devoient l'accompagner,
lorsqu'il marchoit en pompe et superbe-
ment habillé. Le jour de la feste des roys
estoit destiné pour cette montre.

« Les enfants de la ville marchoient tous
en armes, sous la conduite de leur capitaine, lieutenant et enseigne. Leur marche estoit fort belle, car ils estoient tous
bien couverts et bien armés : quoyque ce
ne fut, à dire le vray, qu'une jonglerie,
elle ne laissoit pas de coûter bon aux parents du Roy, puisque par la coutume,
outre la dépense qu'ils faisoient pour
l'habiller magnifiquement, ils estoient encore obligés de faire bonne chère aux soldats qui l'accompagnoient ce jour-là ;
mais les insolences qu'ils commettoient à

cette occasion ont donné sujet aux magistrats de casser ce roy imaginaire et sa cour prétendue. De sorte que, par une sage conduite, au lieu de cela, ils ont coutume de leur donner tous les ans quatre prix de valeur considérable et qu'emportent ceux qui ont le mieux tiré du mousquet. Le jour destiné pour cet exercice est le jour du glorieux St-Louis, roy de France. La veille de ce jour ils font revue en armes par la ville, sous la conduite de leurs chefs, et le lendemain ils s'assemblent encore et vont tambour battant et enseignes déployées au mesme ordre et au mesme rang qu'ils avoient tenu le jour de la montre, au lieu destiné pour tirer les prix. On les appelle à tour de rôle et chacun tire son coup et ceux qui donnent plus près du but gagnent le prix (1). »

(1) Nous croyons devoir compléter l'analyse du P. Perry par quelques détails plus précis sur cette corporation, tantôt appelée *Compagnie des Enfants, de la ville*, tantôt *abbaye des Enfants*, à cause de son chef, qui prenait le titre d'*abbé*, ainsi que nous l'avons vu.

Elle était divisée en deux sections : l'une comprenait

Une des marques les plus éclatantes
que Henri IV ait données de la sincérité de
son retour à la foi catholique a été l'affection qu'il porta constamment à la Compagnie de Jésus, tant haïe des protestants
et de tout temps persécutée par les ennemis de l'Eglise. Lorsqu'il voulut rétablir

les enfants des marchands, l'autre les clercs de la
basoche ; le commandant de la première avait le
titre de *capitaine des Enfants*; celui de la seconde
prenait la qualification de *prince de la Basoche*. Mais
les deux sections réunies en une seule compagnie
marchaient sous une seule et même bannière et
obéissait à un même chef, l'*abbé*.

L'élection de l'abbé avait lieu sous la présidence
du maire et des échevins; elle était précédée de
plusieurs discours débités gravement et plus gravement encore écoutés. Aussitôt après le scrutin, le
nouvel abbé composait son *état-major*, lequel ne
comprenait pas toujours le même nombre d'officiers;
cependant les statuts de la corporation obligeaient
l'abbé de choisir parmi les enfants des marchands
un lieutenant et un enseigne pour la section des
clercs de la basoche, et parmi ceux-ci un lieutenant
et un enseigne pour la section des enfants des
marchands.

On formait l'*abbaye* chaque fois qu'un roi de
France, un gouverneur de Bourgogne ou tout autre
personnage éminent faisait son entrée solennelle à
Chalon, car la Compagnie des Enfants de la ville

cet ordre célèbre dans son royaume, il réfuta lui-même en pleine assemblée du Parlement les remontrances que lui firent les magistrats de Paris, dont quelques-uns partageaient alors les injustes préventions des calvinistes. De même, à Chalon, quand il fut question de confier aux jésuites la

prenait une large part aux cérémonies et aux réjouissances publiques qui avaient lieu en ces circonstances. Celui qui en était l'objet devait par un juste retour donner sa monture à l'*abbé* des Enfants. Ce dernier, en effet, supportait tous les frais de la représentation; il fournissait les enseignes, les tambourins, les casaques, il était tenu, en un mot, de maintenir toujours sa compagnie en bon état, afin qu'elle pût parader et figurer avec honneur dans les solennités publiques.

A l'origine, cette corporation n'était composée que d'enfants âgés au moins de quinze ans ; plus tard on y admit des hommes faits. « C'est peut-être, dit M. Fouque, avec les excès de toute nature qu'elle commettait, une des causes de sa décadence et de sa ruine. Quoi qu'il en soit, depuis 1737, elle n'a pas donné signe de vie. Peut-être aussi s'est-elle fondue avec les arquebusiers. Nous sommes d'autant plus porté à le croire que les procès-verbaux de la corporation de l'arquebuse, postérieurs à 1737, renferment les mêmes noms qui figurent sur les derniers procès-verbaux de la Compagnie des Enfants de ville. »

direction du Collège, leurs amis eurent
à surmonter des difficultés non moins
considérables. Dès l'année 1604, le maire
Louis de Thésut en avait fait la proposition
dans une réunion générale à l'Hôtel-de-
Ville, où il avait obtenu l'assentiment
presque unanime des habitants.

Le manque de ressources ayant obligé
les échevins à surseoir momentanément
à l'exécution de ce dessein, les protestants
eurent l'adresse d'attirer dans leur parti
un certain nombre de catholiques et réus-
sirent, à force d'intrigues, à faire retarder
indéfiniment la prise de possession du
Collège par les Pères de la Compagnie
de Jésus.

On sait que la fondation du Collège
lui-même est fort ancienne, quoique l'on
ne puisse en donner la date précise. Selon
Courtépée, on l'appelait, en 1470, *la Maison
de l'Ecole* et un siècle plus tard, le
Grand Collège Littéral. Il avait pour
principal, en 1557, Richard de Gorrys.
« On blasmoit sa mauvaise conduite, dit
Perry, et l'insolence de ses escholiers
estoit montée à un si haut excès qu'on
ne pouvoit plus les supporter. Chacun

en murmuroit et les plaintes en estoient si publiques qu'on fut contraint d'y apporter du remède. »

Les mêmes abus s'étaient-ils glissés parmi les élèves du Collège, lorsqu'on songea à remplacer leurs régents par des jésuites ? le P. Perry ne veut pas même le laisser supposer, car il a soin de donner comme le motif qui détermina les magistrats de Chalon à renouveler leur première résolution, en 1608, le désir d'imiter la ville d'Autun ; une souscription fut ouverte et produisit « une somme d'argent assez considérable pour être convertie en un fonds de rente ou pour aider à l'ameublement du Collège. Toutefois ce second effort n'eut non plus d'effet que le premier. »

Sur ces entrefaites, le marquis d'Uxelles, gouverneur de la ville et quelques bourgeois qu'il avait gagnés à sa cause provoquèrent une assemblée des habitants, afin que « la conduite du Collège fut accordée aux Pères de l'Oratoire. » Mais le succès ne répondit point à leur tentative. Presque au même moment, le prince de Condé, qui venait d'être nommé gouverneur de Bourgogne, fit son entrée solennelle à Chalon. Ami dévoué et généreux protecteur de la Compagnie de Jésus, ce grand prince mit sa gloire à terminer au plus tôt en sa faveur la question du Collège de Chalon pendante depuis 1604. Une nouvelle réunion des magistrats se tint le 24 juin 1634 « au logis du sieur de Virey », et les dernières dispositions furent arrêtées pour que la remise du Collège aux Pères eut lieu dès le surlendemain, 26. Le prince assista lui-même à la cérémonie et signa au contrat avec l'évêque de Chalon, Jacques de Neufchèzes, et les principaux seigneurs de la contrée.

Cependant l'ouverture des classes ne se fît que le lendemain de la fête de St-Luc, le 19 octobre suivant. L'exiguité du local ne répondait point à l'importance de l'établissement. Dès 1649, le nombre croissant des élèves obligea les échevins à faire reconstruire sur un plan beaucoup plus vaste les bâtiments du Collège. Encore cette fois, l'entreprise fut votée, sur la recommandation expresse du prince de Condé. On distribua les classes de la manière la plus avantageuse dans « un

grand corps de logis dont le dessus,
ajoute Perry, sert de congrégation aux
notables de la ville, qui ont aussi contribué de leur part avec une générosité
sans pareille, et le dessous sert d'église. »
L'aile gauche fut élevée en 1734 et, le
6 mai 1747, les magistrats posèrent la
première pierre d'une autre aile, devenue
indispensable. Les jésuites gardèrent la
direction de notre Collège jusqu'au jour
où, sur les menées de la franc-maçonnerie
déjà toute puissante, le faible Louis XV
signa l'arrêt qui supprimait leur admirable institut le 11 juillet 1763 (1).

Nous éprouverions un charme véritable,
si les limites nécessairement resserrées
de notre cadre le permettaient, de faire

(1) « Les prix ont été établis en 1579 par Antoine
Druot, sommelier du roi, capitaine de Germoles.
Abigaïl Mathieu, baronne de Traves, a fondé un
laurier d'argent pour le prix de Rhétorique et des
médailles pour les autres classes. Jean Lesne, grand
archidiacre, en 1614, le prix de prose en rhétorique ;
Druot, chanoine, Tisserand, grand prieur de St-Pierre,
Tapin, receveur des dîmes, ont établi les autres prix.
Ils consistent actuellement en livres de la valeur
de 200 livres, distribués avec solennité avant la
Saint-Louis par les maire et échevins. » COURTÉPÉE.

assister le lecteur à l'une de ces gracieuses et si gaies fêtes de famille, au moyen desquelles les Pères Jésuites, maîtres consommés dans l'art d'élever la jeunesse, aimaient et aiment encore aujourd'hui à soutenir l'application des élèves et en même temps à les récompenser de leurs travaux. Nos archives municipales sont remplies de ces intéressants comptes rendus. Pour n'en citer que quelques-uns, nous voyons, en 1738, la représentation d'une comédie de caractère en trois actes, intitulée *l'Impatient* et composée tout exprès par l'un des Pères. L'année suivante, c'était la tragédie de *Joseph reconnaissant ses frères*, en cinq actes. On remplaça plus tard, sur la demande du maire, les représentations dramatiques par des exercices littéraires qui contribuèrent avec non moins de succès à l'éclat croissant du Collège de Chalon, au XVIIe siècle et dans la première moitié du XVIIIe.

Après la suppression de la Compagnie de Jésus, les magistrats firent des instances pour le confier aux Oratoriens, puis aux Bénédictins de Cluny ; mais les négociations n'ayant abouti ni avec les uns ni avec les autres, on s'adressa à un sieur Bizouard, qui n'eut point à l'égard de l'autorité municipale les mêmes déférences que les religieux expulsés. De là une source intarissable de plaintes et de murmures. L'administration voulut y mettre fin en priant l'évêque de Chalon, qui était alors Mgr du Chilleau, de pourvoir lui-même à la direction du Collège. Notre prélat venait de terminer heureusement cette affaire avec les prêtres de St-Joseph, quand éclatèrent les orages de la Révolution. On sait que tout sombra au milieu de cette tourmente effroyable ; les établissements d'éducation et de charité aussi bien que les maisons de prière !

Indépendamment du Collège, la ville de Chalon possédait, avant 1789, un magnifique séminaire, dont la fondation était due au zèle d'un de nos plus grands évêques, Jean de Maupeou.

Les Pères de l'Oratoire, qui occupaient l'ancien hôtel Saudon, depuis 1624, en reçurent la direction (1675) et commencèrent aussitôt d'importants travaux pour leur permettre de recevoir tous les jeunes ecclésiastiques du diocèse. Henri-Félix de Tassy, successeur de Mgr de Maupeou, posa, en 1681, la première pierre de l'église, que l'on éleva sur les anciens murs de la Haute-Enceinte ; la tour de Saudon fut de même transformée en clocher. Cette maison devint rapidement une des plus célèbres de la province, tant par les nombreuses fondations dont l'enrichirent de généreux bienfaiteurs (1), que par le grand talent et les vertus des Oratoriens, qui y professèrent la théologie. Citons parmi les directeurs distingués du Séminaire de Chalon le P. Bernard Lamy, Louis de Rimont (2). Antoine Papillon et

(1) Mgr de Tassy légua au Séminaire sa bibliothèque pleine de précieux manuscrits. En 1692, J. Legrand, seigneur d'Aluze, lui donne un beau domaine. Charles Leclerc, curé du Mont-Saint-Vincent ; Louis Viard, curé de Saint-Gengoux-le-Royal (petite ville comprise dans le diocèse de Chalon, quoique située en Mâconnais) ; Claude Rebours, curé de St-Jean-de-Maizel, y avaient fondé des bourses en faveur des clercs pauvres.

(2) Ce pieux Oratorien, né à St-Gengoux, appartenait à une des premières familles du pays. Il mourut en 1694, à l'âge de 85 ans, après avoir été supérieur et grand vicaire pendant 37 ans. Mgr de

surtout Edme Cloiseault, le célèbre auteur
de la vie de S. Charles Borromée, qui fut
supérieur et grand-vicaire pendant cinquante-deux ans (1). Il avait été ainsi honoré
de toute la confiance des deux prélats qui
ont occupé le siège épiscopal de Chalon
durant le règne de Louis XIV. Le premier, Jean de Maupeou, avait succédé lui-
même, en 1658, à Jacques de Neufchèzes,
qui à son tour était le successeur de
Cyrus de Thiard. Nous croyons ne pouvoir
mieux terminer ce chapitre que par quelques détails biographiques sur chacun de
ces grands évêques.

Maupeou lui reprochait quelquefois, selon Courtépée,
sa trop grande douceur. « Mais, lui répondait alors
le P. de Rimont, Jésus-Christ n'a pas dit : apprenez
de moi à être sévère mais à être doux et humble
de cœur ! »

(1) N'oublions pas ce trait de mœurs rapporté par
Courtépée sur le P. Cloiseault. « Voyant un jour
M. Félix qui partait pour Paris, vêtu d'un habit
court, violet, à boutons d'or : — Oh ! Monseigneur,
dit-il, prenant la botte de la manche, vous ressemblez
à un colonel de dragons ! Le prélat, frappé de la
justesse du reproche, rentre sans mot dire dans sa
garde robe, prend une soutane et quitte cet habit
mondain, qui ne reparut plus. »

Cyrus de Thiard, avons-nous dit, était neveu de Pontus, surnommé l'*Anacréon* français. Il occupa après lui le siège de Chalon plus de vingt-sept années et s'acquitta toujours, dit Perry, « de ce haut ministère avec une singulière édification, un grand zèle et une rare prudence... Et quoy qu'il ne fût pas fort riche, si est-ce qu'il ne laissoit pas de faire de bonnes aumônes aux pauvres ». C'est lui qui supprima dans sa cathédrale la singulière fête des *Innocents* (1) et la coutume plus bizarre encore nommée le *danse du chanoine*. Nous connaissons déjà les

(1) Voici comment elle était célébrée : « La veille donc du jour des Innocents, les enfants de chœur élisoient parmy eux un évesque et luy rendoient, autant qu'il en pouvoit estre capable, les honneurs et les respects, qui sont rendus à un véritable évesque. La chose estoit assez ridicule. Ce bel évesque se plaçoit dans le siège épiscopal durant l'office de ce jour-là et avoit autour de luy ses officiers. Les chanoines leur quittoient leurs places et faisoient dans le chœur toutes les fonctions qui sont destinées à ces enfants. On sonnoit les cloches en quarillon et d'abord que le dernier coup des vespres et de la messe estoit sonné, les enfants de chœur habillez en chanoines et les chanoines en enfants de chœur

fondations importantes que Cyrus de Thiard créa à Chalon et dans tout le diocèse, où il introduisit le bréviaire Romain « avec un merveilleux applaudissement ».

Son successeur, Jacques de Neufchèzes, était par sa mère, Marguerite Frémyot, neveu de sainte Chantal. Peu de temps après son arrivée à Chalon, il fut choisi

alloient quérir en procession l'évesque en la maison de la maistrise. Ils l'amenoient dans l'église avec la mesme cérémonie. »

Voici encore, toujours d'après Perry, en quoi consistait la curieuse coutume, faussement selon lui appelée la *danse* des Chanoines : « Les complies de la Pentecoste estant finies, le Doyen, les Chanoines et les habituez sortoient de l'église en procession et venoient dans le petit cloistre. Il y a au milieu du préau un dôme et au dedans une masse de pierre taillée en rond et des images aussi de pierres à l'entour. La procession y estant arrivée, tous se prenoient l'un après l'autre par le bout de leur surpelis, et en chantant quelque répons de la feste de la descente du St-Esprit sur les apostres, ils faisoient quelques tours en rond à l'entour de ce dôme. Et bien qu'on n'y fut rien qui ne fut dans la bienséance et la modestie et qui ne fut institué à bon dessein, toutefois parce que le peuple appeloit cette cérémonie la danse des Chanoines, l'évesque et le chapitre jugèrent de concert qu'il falloit abolir cette coustume. »

par « la province de Lyon pour un des
prélats qu'elle députa à l'assemblée générale du clergé » qui se tint en 1625 (1).
Il mourut, le 1er mai 1658, après avoir
gouverné sagement son diocèse pendant
34 ans et avoir fondé, ainsi que nous
l'avons vu, plusieurs établissements religieux. « J'ose dire, sans exagération,
affirme le P. Perry, qu'il fut pleuré des
yeux de toute la ville. Les riches, les
pauvres, les grands, les petits, hommes
et femmes en lui jetant de l'eau bénite
en versèrent aussi de leurs yeux et les
mêlèrent ensemble. » Il s'était montré
constamment généreux et obligeant, magnifique en toutes choses et très chari-

(1) « Cet honneur est d'autant plus considérable,
dit Perry, qu'on ne le défère ordinairement qu'aux
prélats déjà avancés en âge ou qui ont acquis
beaucoup d'expérience dans les affaires du clergé.
Néanmoins quoy qu'il fut le plus jeune des Evesques
du royaume, on ne laissa pas de le considérer
comme un des anciens et de lui donner séance
parmy tant de testes chenues qui représentoient le
Clergé de France. » En 1655, l'évêque de Chalon
fut de nouveau député à l'assemblée du Clergé qui
eut lieu cette année à Paris et qu'il présida avec les
archevêques de Sens, de Narbonne et de Bordeaux.

table à l'égard des pauvres et des religieux. Aussi les fidèles et le clergé de
Chalon rivalisèrent d'empressement pour
rendre plus belle et plus touchante la
cérémonie de ses funérailles.

Jean de Maupeou, aumônier de Louis XIV,
fut désigné pour lui succéder. « Depuis
sa promotion à l'épiscopat, dit le P. Berthaud, toutes ses délices ont été de faire
faire les missions à ses frais dans les
villages, et luy mesme, dans la peinible
visite de son diocèse, a bien voulu instruire avec une douceur toute merveilleuse
les enfans, les paysans et les pauvres,
sans témoigner la moindre impatience
dans leur rudesse et leur ignorance; et
l'on a veu qu'il leur a parlé avec tant
de familiarité et de charité que ces pauvres ignorans ont eu le droict de le
nommer leur père et leur maistre. » Au
témoignage peu suspect de Courtépée,
il fut « un des plus pieux et des plus
zélés évêques du siècle de Louis XIV. »

Après lui, on vit briller sur le siège
épiscopal de Chalon, Henry-Félix de
Tassy, déjà évêque de Digne et qui se
fit remarquer par ses talents, son amour

de l'étude, son affabilité et sa patience.
A l'assemblée du clergé de France tenue
en 1700, à laquelle il avait été député, il
remplaça le prélat chargé de donner le
discours d'ouverture et il le fit à l'admiration de tous les auditeurs. En 1686 et
1688, il dirigea lui-même une mission de
six semaines qui fut prêchée à Buxy et
suivie de la conversion d'un grand nombre
de protestants. On lui doit la belle levée
de Chalon à St-Marcel et l'agréable pro-
menade qu'on avait établie sur le bastion
de St-Jean-de-Maizel.

Son successeur fut Mgr François Madot,
précédemment évêque de Belley. Ce zélé
prélat eut la gloire de publier dans son
diocèse la fameuse bulle *Unigenitus,* contre
laquelle les jansénistes avaient accumulé
tant de mensonges. Il fit aussi commencer,
à l'usage du clergé et des fidèles, une
nouvelle et très remarquable édition des
livres liturgiques, laquelle ne fut achevée
qu'en 1776.

Dès 1755, Mgr Louis-Henry de Roche-
fort d'Ally avait recueilli sa pieuse succession, qu'il transmit ensuite à Mgr Joseph-
François Dandigné de La Chasse, sacré

évêque de St-Pol-de-Léon et transféré au siège de Chalon en 1772. Déjà les signes avant-coureurs d'une révolution frappaient tous les esprits; les temps devenaient mauvais pour l'Église (1781). Le triste honneur de fermer le glorieux et long catalogue des évêques de Chalon appartint à Mgr Jean-Baptiste du Chilleau, aumônier de la Reine. C'est, en effet, sous son épiscopat que l'impiété triomphante jeta le trouble, puis la mort au sein de notre religieuse population. D'un trait de plume, l'antique diocèse de Chalon fut supprimé par des prétendus réformateurs, dont le secret dessein, encore aujourd'hui poursuivi avec la même rage, mais aussi avec la même impuissance, était de *décatholiciser* le royaume très chrétien.

CHAPITRE XI

LES TEMPS MODERNES

Le grand siècle, Louis XIII à Chalon. — Le prince de Condé et la guerre de Trente ans. — La Fronde en Bourgogne. — Passage de Louis XIV à Chalon. — Le grand prix de Province rendu à Chalon en 1674, et en 1728. — La mairie perpétuelle. — Le XVIIIe siècle ; fêtes et réjouissances publiques. — Calamités diverses. — Avènement de Louis XVI. — La Révolution.

Les fondations pieuses, dont nous venons de parler, appartiennent presque toutes aux règnes de Henri IV et de Louis XIII ; en les faisant connaître nous n'avons donc point interrompu l'ordre chronologique de notre récit, et il n'est pas nécessaire, pour comprendre ce qui va suivre, de remonter aux événements qui les ont précédés. « Déjà nous touchons « à cette magnifique époque qui vit la « France devenir l'envie et l'admiration « du monde, où parlait Bossuet, où pen- « sait Pascal, où écrivait Fénelon, où « chantaient Corneille et Racine, où sou- « riait La Fontaine: » C'est le grand siècle de notre histoire; il commence, ou pour mieux dire il se prépare sous Louis XIII; mais il atteindra son développement incomparable sous le règne de son fils et successeur Louis XIV, que ses contemporains enthousiasmés ont si justement surnommé le *Grand*.

Les faits que nous avons à raconter né sont, à proprement parler, qu'un écho fidèle de ce long concert d'admiration qui s'élève autour du grand Roi, à Paris, à Versailles, sur tous les points de la France; nos archives, en effet, sont presque exclusivement composées, à cette époque, de comptes-rendus de fêtes et de réjouissances publiques. Il y eut cependant des ombres dans ce magnifique tableau; nous devrons les reproduire avec non moins d'exactitude, car elles n'en font que mieux ressortir les vives couleurs.

Lorsque Henri IV et sa famille se furent réconciliés avec l'Église, chacun crut que l'ère des discordes civiles et religieuses était à jamais fermée en France. A Chalon, on en fut plus persuadé que partout ailleurs; voilà pourquoi les magistrats auraient désiré voir démolir de suite la citadelle, dont la défense était fort coûteuse aux habitants et qui par sa situation rendaient impossible la construction de nouvelles maisons, du seul côté où la ville pouvait s'agrandir.

La population augmentait d'année en année et l'enceinte murée ne suffisait plus pour la contenir. Doit-on attribuer à une trop grande agglomération, au manque d'air et d'espace ou, comme quelques chroniqueurs l'affirment, aux fréquentes communications commerciales avec Lyon, alors décimé par la peste, l'épidémie qui ravagea Chalon, en 1628? nous ne saurions le dire. Quoi qu'il en soit, le nombre des victimes fut très considérable.

A l'exemple de leurs pieux devanciers, les magistrats s'adressèrent au ciel pour obtenir la cessation d'un mal que la science des médecins était impuissante à combattre. Ils placèrent la ville sous la protection de S. Charles Borromée et firent solennellement le vœu « de célébrer tous les ans sa feste, ainsi que le saint jour du dimanche (1). » Dieu exauça une suppli-

(1) L'acte qui fut dressé à cette occasion faisait

cation aussi fervente, car il ne restait plus
de traces de l'épidémie l'année suivante,
quand Louis XIII fit son entrée solennelle
à Chalon.

Le religieux monarque venait de réduire
les protestants de la Rochelle et s'avançait,
en compagnie de son grand ministre, le
cardinal de Richelieu, au secours de
Casal, place forte du Montferrat, assiégée
par les Espagnols. Déjà auparavant, le
marquis d'Uxelles, gouverneur de notre
ville, y avait conduit une armée, dont il
avait fait la revue entre Chalon et Tournus,
mais il n'avait point réussi à la dégager.

Les fêtes données en l'honneur du roi
furent splendides ; bornons-nous à signaler le costume des échevins, « vestus aux
frais de la ville d'un habit de velours noir
à petit ramage, avec le manteau de drap
de séan doublé de panne », et la statue
gigantesque d'Hercule foulant sous ses

un devoir aux « magistrats et officiers de la ville de
jeûner à perpétuité la veille de la feste du mesme
saint. » On stipula en outre « qu'après qu'ils se
seroient confessés ils communieroient ensemble le
mesme jour à un autel qu'ils feroient dresser à son
honneur. »

pieds un cerbère à deux têtes, image du protestantisme que Lous XIII avait réduit à l'impuissance de nuire désormais. Le maire offrit au roi douze médailles d'or sur lesquelles étaient représentés d'un côté l'effigie du vainqueur de la Rochelle, couronnée de lauriers, de l'autre le plan de Chalon. — « Depuis mon départ de Paris, s'écria le prince ravi d'admiration, je n'ai point reçu de présent qui m'ait été plus agréable. »

La guerre d'Italie durait toujours; le passage des troupes, qu'on ne cessait d'y envoyer, occasionna à Chalon, en 1630, une nouvelle épidémie qui laissa sans chefs, dit un auteur, quatre-vingts familles de la ville.

Sur ces entrefaites, Gaston d'Orléans quitta brusquement la cour, avec la pensée de venir s'établir à Chalon et de faire de cette place le centre de sa résistance contre le terrible cardinal. Une lettre de Louis XIII aux magistrats et aux habitants de notre cité les ayant prévenus de la marche de son frère en Bourgogne, la sécurité dont ils jouissaient ne fut point troublée. Cependant le duc de Bellegarde,

gouverneur de la province, avait embrassé
le parti du rebelle; mais sa défection n'entraîna aucune conséquence grave. Henri
de Bourbon, prince de Condé, qui reçut
alors comme une sorte d'apanage héréditaire pour sa famille le gouvernement de
Bourgogne, s'empressa d'en visiter les
villes principales et étouffa ainsi dans son
germe le mouvement concerté entre les
séditieux du Nord et ceux de l'Est. Il fit
son entrée à Chalon, le 22 décembre 1631,
par la porte de Lyon. Malgré la rigueur
de la saison, « les enfants de la ville,
rangés en bataille dans une vaste prairie,
l'attendaient à son passage...; à deux cents
pas de là, les habitants estoient rangez en
deux gros bataillons rangez et parez à
l'avantage. » Les fêtes qui suivirent furent
empreintes de la plus parfaite courtoisie
et témoignèrent hautement de l'amour des
Chalonnais pour cette grande famille de
Bourbon, laquelle s'apprêtait déjà à donner
des souverains à presque toute l'Europe.

Richelieu, en effet, avait arraché à
l'Autriche la prépondérance continentale
et l'avait transférée à la France. Tel fut,
chacun le sait, le but de la guerre de

Trente ans. De 1618 à 1635, le théâtre des hostilités avait été confiné en Allemagne et la France n'y avait pris qu'une part indirecte. Mais en 1635 (1) les Impériaux, vainqueurs de tous les chefs protestants que la politique du cardinal leur avait opposés, firent une irruption en Bourgogne.

Le prince de Condé ayant été contraint, après des pertes considérables, de lever le siège de Dôle en 1636, le duc de Lorraine

(1) D'après le P. Berthaud, Louis XIII aurait encore cette année traversé notre ville pour se rendre en Piémont. Comme la peste sévissait toujours à Chalon, il serait passé *incognito* sous le pont de Saint-Laurent et n'aurait pris terre qu'au port Guillot, où il lui serait arrivé une plaisante aventure. « Une vieille femme, fermière du port, prit au collet le batelier qui faisait le cinquième de cette illustre compagnie, lui demanda pourquoi il amenait ces *picoreurs ;* et s'adressant au roi qu'elle ne connaissait pas : « Venez, entrez dans cette maison pour achever de ruiner ce que les Liégeois et les autres troupes ont laissé. Voyez mes coffres vides, les planches abattues, les lits en pièces et les arbres de mon verger renversés. A ces malheurs joignez les tailles excessives, les tributs que les prévôts affamés exigent injustement, les vexations des commis du sel, telle est l'image expresse de notre misère. » Louis, touché des paroles de cette

et Galas pénétrèrent avec leurs reitres dans la vallée de la Saône et répandirent partout sur leur passage la terreur et la mort. Dès le 25 octobre de cette même année , les Impériaux, au nombre de 80,000 hommes, investissent la petite place de Saint-Jean-de-Losne, dont la garnison s'élevait à peine à 150 hommes. Mais l'héroïsme des habitants, hommes, femmes et enfants suppléa au défaut des combattants. Le comte de Rantzau , à la tête d'un

femme, la rassura : « Si nous logeons dans votre maison , ce ne sera pas pour y causer du dommage ; si vous avez souffert, il en faut accuser les malheurs du temps et la difficulté des affaires. » Mais la vieille, ayant bientôt reconnu à l'arrivée du grand bateau et au respect des courtisans quel était celui à qui elle avait parlé si hardiment, se jette à ses pieds pour lui demander pardon et les arrose de ses larmes. Le roi la fait relever, lui donne dix pièces d'or... , il dit ensuite aux seigneurs de sa cour « que l'entretien de cette villageoise lui avait appris des choses qu'il n'eût jamais sues sans ses emportements. » Le gouverneur, après le départ du prince, fit toucher 100 écus à la fermière du port. » COURTÉPÉE. Nous devons ajouter que ce récit est aujourd'hui fortement controuvé, quant au fait lui-même du passage de Louis XIII à Chalon en 1634 ou 1635, et aussi quant à la physionomie générale du pays qu'il révèle.

corps de troupes, vint au secours des assiégés et força Galas à se retirer précipitamment (1).

Une partie de son armée se porta sur Verdun qu'elle prit d'assaut et s'avança jusqu'aux environs de Chalon. A l'approche de l'ennemi plusieurs habitants de la ville se retirèrent à Lyon, où ils attendirent des temps meilleurs. Rocroy, Fribourg, Nordlingen, Lens et mille autres exploits du jeune duc d'Enghien, fils du prince de Condé, obligèrent soudain les Impériaux à repasser la frontière ; les traités de Wesphalie, bientôt suivis de la paix des Pyrénées, furent la récompense de ces belles victoires. Le règne de Louis XIV commençait donc sous les plus brillants auspices.

Ce prince n'avait que cinq ans lorsqu'il

______

(1) « La Saône de son côté vint, à l'ayde de cette place, extrêmement pressée et certainement si à propos que, se débordant au long et au large, elle noya une partie de l'armée ennemie que le feu et le fer avoient épargnée. Le général Galas ne fut jamais plus honteux, mais il luy fallut boire cet affront avec bien moins de plaisir qu'il n'avoit beu du vin de Bourgogne. » PERRY.

succéda à son père. Les derniers survivants des dynasties féodales, terrorisés par les exécutions de l'inflexible Richelieu, voulurent profiter de la régence d'Anne d'Autriche pour ressaisir leur ancienne autorité ; l'ambition des parlements, qui à tout prix voulaient s'immiscer dans la politique, leur prêta main-forte. C'était un véritable vertige qui s'emparait des meilleurs esprits. On sait que le héros de Rocroy lui-même donna à la Fronde l'appui de sa vaillante épée.

Ses partisans occupaient Seurre, et de cette place ils se répandaient dans tous les environs. L'été et l'automne de 1652 avaient été très secs, de sorte que « la Saône estoit alors si basse et avec si peu d'eau que de mémoire d'homme on n'y en avoit jamais moins veu... Les Albions, c'est ainsi qu'on appelloit les rebelles de la ville de Seurre, profitèrent du beau temps et du peu d'eau qu'il y avoit dans la rivière » pour pousser une attaque contre Chalon. Leurs cavaliers se présentèrent à Saint-Marcel, où ils mirent le feu à plusieurs maisons ; mais les habitants de la ville firent si bonne contenance qu'ils n'osèrent aller plus avant.

L'année suivante (1653), ils tentèrent une nouvelle irruption ; cette fois, une crue subite de la Saône les contraignit à rentrer dans leur campement sans avoir rien fait. Mais un tel état de choses ne pouvait se prolonger indéfiniment. Aussi les États de Bourgogne, réunis au mois d'avril 1653, pressèrent-ils le gouverneur de la province de faire au plus tôt le siège de Seurre. Le marquis d'Uxelles, gouverneur de Chalon, y conduisit son beau régiment (1), lequel mérita par sa valeur et sa bonne tenue les éloges du général en chef, le duc d'Epernon.

Nous passons sous silence les fêtes qui furent données dans notre ville à l'occasion

---

(1) « Il estoit composé de quatorze cents hommes effectifs qui estoient commandés par de bons officiers. Il (le marquis d'Uxelles) leva à mesme temps un régiment de cavalerie composé de six cornettes. Le comte de Sivignon de la maison de La Guiche, le feu baron de La Clayette, les sieurs de la Garde, de Saint-Christophe et de Roche fils en estoient capitaines. Il y avoit beaucoup de gentilshommes de bonne maison, lieutenants et cornettes. Ils firent tous des merveilles à ce siège, où le marquis d'Huxelles accreut la réputation qu'il avoit acquise dans le commandement des armées de Sa Majesté. » PERRY.

du passage de la reine Christine de
Suède et de l'entrée du vainqueur des
« Albions », le duc d'Epernon, qui avait
été nommé gouverneur de Bourgogne,
depuis la révolte du prince de Condé.
Sauf quelques variantes dans les détails,
le cérémonial qui fut suivi est déjà connu
du lecteur. C'est pour la même raison que
nous nous bornenons à un compte rendu
sommaire de l'arrivée de Louis XIV à
Chalon, le 20 novembre 1658.

Le grand Roi se rendait à Lyon avec
toute sa cour. A son approche les habitants
se mirent sous les armes et furent passés
en revue par le capitaine au régiment
d'Uxelles. « Les enfants de la ville, en bon
nombre et bon équipage, » s'organisèrent
avec non moins d'empressement. Leur
commandant qui était capitaine au régiment des Gardes « en fut très satisfait et
dit au Roy que les habitants avoient la
mine de soldats aguerris et que s'il avoit
encore exercé deux ou trois fois les enfants
de la ville, il se faisoit fort qu'ils ne s'ac-
quitteroient pas moins bien de ce devoir
que les soldats du régiment des Gardes...
Certainement c'estoit une chose très jolie

que la marche de ses gens d'armes et de
ses mousquetaires. »

Le maire harangua le jeune et déjà
tout puissant monarque et « comme après
ses civilitez il vouloit donner les clefs de
la ville au marquis d'Huxelles pour les
présenter au roy, sa majesté dit : elles
sont bien entre vos mains, vous pouvez
les garder ».

On avait dressé à la porte de Beaune,
par laquelle Louis XIV devait faire son
entrée, un gigantesque portique « assorty
de tous ses ornements et de deux grands
tableaux de part et d'autre. Il y avoit
au-dessus le portrait d'une belle femme
qui représentoit la ville de Chalon, au
bas de ce tableau il y avoit un distique
numéral qui a un beau tour de vers (1)...
On ne vit rien de pareil aux autres villes
où le roy passa. »

La reine Anne d'Autriche descendit au
logis du sieur Virey (2), où la ville la

----

(1) Le voici avec ses combinaisons d'une tournure
« très ingénieuse et fort délicate » :

reX DILeCte Venl, en eXVLtabVnDa saLVtat
te CabILo, o fœLIX, SI tlbì et Ipsa pLaCet.

(2) Actuellement hôtel de la Sous-Préfecture.

régala « de quantité de boëttes de con-
fitures ». On offrit au roi, qui avait été
reçu au palais épiscopal, « quantité de
bouteilles de vin blanc et clairet ». Le
cardinal Mazarin, logé en la maison du
doyen, fut gratifié d'une douzaine de
bouteilles d'hipocras d'eau ». Les discours
qui furent adressés par le maire et le
doyen de St-Vincent au roi, à la reine
et au cardinal furent des plus remarquables. « La cour témoigna qu'elle n'avait
rien oüy de pareil, depuis sa sortie de
Paris, affirme Perry, et ces messieurs
dirent tant de belles choses et les magistrats firent tant de beaux présents et d'une
manière si excellente et si polie, qu'il en
est resté à la ville une grande gloire et
une estime toute particulière. »

Louis XIV signala son passage à Chalon
en ordonnant de terminer à l'amiable un
différend qui existait depuis quelque temps
entre le chapitre et les officiers du bailliage
et en conférant des lettres de noblesse au
capitaine des Enfants de la ville. Tout
souriait au jeune roi; bientôt des conquêtes
glorieuses ajouteront encore au renom
de nos armes; de gigantesques travaux

s'accompliront, des monuments somptueux s'élèveront pour attester aux âges futurs la puissance de *Louis le Grand*.

Au moment où se forma la première coalition de l'Europe contre la France (1673), la vaillante compagnie des arquebusiers de Chalon fut sur le point de partir pour le siège de Besançon que Louis XIV dirigeait en personne, lorsqu'elle reçut l'ordre de se rendre à la frontière menacée par une armée impériale.

Les fêtes qui furent célébrées à l'ocasion du glorieux traité de Nimègue coïncidèrent, à Chalon, avec la *rendue* du grand Prix de province, que les chevaliers de l'arquebuse avaient gagné à Dijon en 1674 (1).   .

Arrêtons-nous un instant pour en décrire la belle ordonnance. Le tir avait été disposé au pâquier de Gloriette entre la ville et la citadelle ; les glacis qui pouvaient contenir plus de dix mille personnes, furent chaque jour envahis par une

____

(1) Ces fêtes se renouvelèrent en 1680, 1700 et 1728.

multitude innombrable, avide de jouir de ce spectacle intéressant. Toutes les corporations militaires de la province étaient accourues à Chalon du 18 au 21 août ; chacune d'elles se faisait remarquer par un riche costume et un étendard blasonné fièrement arboré. La solennité s'ouvrit par une messe en musique chantée à la cathédrale St-Vincent. On se mit ensuite en marche pour le pâquier de Gloriette, où chaque compagnie occupa la place qui lui avait été assignée à l'avance. Alors le maire, entouré des échevins, se plaça au *pas ;* les mesures furent prises et les cibles, posées.

Un coup de canon tiré de la citadelle ayant donné le signal, le maire tira le coup d'honneur qui fut acclamé par un immense cri de : *vive le roi !* poussé par les arquebusiers et la population tout entière ; la musique fit retentir l'air de ses plus joyeux accords et les tambours de leurs sons les plus bruyants (1). Lorsque

(1) « Ce fut, dit un témoin oculaire, un si grand bruit pendant une demi-heure qu'on n'aurait pas entendu Dieu tonner. Les cimbales, tambours, trom-

le calme eut été rétabli, le commandant
de la citadelle et le procureur du roi
s'avancèrent au *pas* et tirèrent en même
temps le premier sur la cible placée du
côté de la citadelle, le second sur la cible
qui était en regard de la ville.

Le lendemain, 23 août, dès huit heures
du matin, toutes les compagnies d'arquebuse étaient rendues au pâquier de
Gloriette où, après les préliminaires d'u-
sage, la lutte commença. Elle fut vive,
opiniâtre, agrémentée d'une foule d'incidents curieux dans le goût de l'époque
comme : jeu du chat, de l'oie, de l'anguille,
de la poule (1), joutes sur la Saône, tout

pettes, hautbois, bassons, flfres et autres instruments
de guerre et de joie, tout cela meslé au cri continuel
de : vive le roi ! pendant que le canon ronfloit, faisoit
un tel tintamarre que les spectateurs en éprouvoient
la plus agréable surprise. »

(1) « On attache l'oye, dit le P. Ménestrier, par
les pieds à une corde suspendue, contre laquelle on
court à toutes jambes pour lui arracher la teste. Les
méchants chevaux dont on se sert en ces courses, le
peu d'adresse des coureurs, les cris de l'oye et les
chùtes sont un passe-temps assez agréable pour les
spectateurs. On court le chat les bras nus jusqu'au
coude, et on va le frapper du poing fermé ; il faut

cela accompagné de décharges d'artillerie et de joyeuses fanfares.

La lutte continua les jours suivants et de la même manière jusqu'au 26 août. Dix prix avaient été proposés. La corporation de Chalon, qui tant de fois déjà était sortie victorieuse de ces solennels concours, conserva sa suprématie, car ses chevaliers remportèrent successivement le premier, le 8ᵉ et le 10ᵉ prix. Dijon gagna le 2ᵉ et le 6ᵉ ; Saint-Jean-de-Losne, le 3ᵉ ; Seurre, le 4ᵉ ; Autun, le 5ᵉ ; Louhans, le 7ᵉ et Chaumont, le 9ᵉ. « Tout le temps que dura le prix, dit M. Fouque, la ville de Chalon fut loin de présenter ce calme et cette paix dont elle jouissait dans son état normal... Ce ne fut sur tous les points de la cité que mascarades et comé-

---

de l'adresse en cet exercice, car le chat qui est attaché par les pieds de derrière, ayant les dents et les deux pattes de devant libres, égratigne ou mord fortement ceux qui ne sont pas assez prompts à frapper. On court l'anguille sur l'eau, et quand elle est huilé il y a plaisir de voir en l'air et tomber dans la rivière ceux qui manquent la prise, après avoir été guindés par la corde qui est tendue d'un bord à l'autre. »

dies, que dîners, collations, soupers...»
Un banquet, servi par la municipalité, en
pleine place St-Vincent réunit les magistrats, les officiers de la citadelle, les
officiers et une partie des chevaliers
arquebusiers des villes invitées. Partout
on porta à la santé du roi et de sa nombreuse famille, tête nue et debout, au son
des instruments de musique et aux déto-
nations des canons de la place.

En 1728, la corporation de l'Arquebuse
rendit pour la dernière fois le prix de
province qu'elle avait gagné à Nuits cinq
ans auparavant. On fit, comme précédemment, de grands préparatifs pour que les
nombreux hôtes qui ne manqueraient pas
d'accourir fussent reçus « avec cette ur-
banité et cette confortable hospitalité qui
sont la base du caractère des Chalonnais. »
Le comte de Tavanes, lieutenant général
et commandant pour le Roi en Bourgogne,
voulut lui-même présider la solennité du
« noble jeu », et annonça qu'il tirerait le
coup d'honneur. C'était le privilège du
maire de Chalon ou, à son défaut, du
premier échevin; mais les magistrats furent trop heureux de céder leur droit au

premier officier de la province, qui vint
avec sa famille rehausser de sa présence
l'éclat de la fête. Mentionnons encore
cette particularité que les élèves du Collège
jouèrent publiquement des pièces de théâtre. De nouveau, le pemier grand prix fut
remporté par un arquebusier de Chalon ;
mais, comme, d'après les règlements, la
même corporation ne pouvait pas rendre
deux fois de suite le prix de province,
nos adroits tireurs firent hommage de leur
trophée aux chevaliers de Mâcon.

Tant de gloire rendait parfois arrogants
et fiers les arquebusiers chalonnais ; en
maintes circonstances, ils voulurent prendre le pas sur la milice bourgeoise. Le
prince de Condé dut intervenir et trancha
la question de préséance en faveur de la
milice, sous le drapeau de laquelle les
chevaliers furent tenus de marcher au
rang qu'ils avaient comme habitants. Avant
de se fondre dans la corporation de l'Arquebuse, la compagnie des Enfants de la
ville tirait aussi, chaque année, son prix
de privilège : l'année 1731 vit, pour la
dernière fois, les jeunes concurrents se
livrer à ce salutaire exercice, car, à partir

de cette époque, les deux corporations n'en firent plus qu'une.

Leur confrérie commune fut érigée dans la chapelle de la Motte, où elle s'est maintenue jusqu'à la Révolution (1).

Revenons à la suite des événements mémorables dont notre cité a été le théâtre au XVIII° siècle. Tandis qu'il tenait en échec l'Europe coalisée contre lui, Louis XIV avait l'œil ouvert sur tous les points de son royaume. Il voulut y exercer la plénitude de l'autorité et absorba tous les autres pouvoirs : mais son absolutisme n'eut rien de dur ni d'exclusif; il ne choquait personne. C'était au cri de : *Vive le Roi!* qu'on marchait à l'ennemi, qu'on gagnait

---

(1) Courtépée décrit ainsi le costume des chevaliers de l'Arquebuse à Chalon : « Uniforme écarlate, parements blancs, veste et culotte de buratille blanche, galonnées en or avec boutons d'or, épaulette, contre-épaulette et patte d'oie en or, chapeau uni avec panache à la Henri IV. » Le même auteur ajoute : « Huit musiciens dont cinq Allemands, avec timbales et trompettes. Le guidon porte d'un côté les armes du Roi avec cette devise : *Armis lilia florent;* de l'autre celles de Chalon, qui sont trois cercles d'or sur un fond d'azur avec les mots énigmatiques : *Urbi non sufficit orbis.* »

les batailles , et qu'on célébrait toutes les réjouissances publiques et privées, — cri populaire, s'il en fut jamais, qui dominait toutes les ambitions et qui flattait l'orgueil d'un grand peuple.

Du reste, si le Roi imposait aux autres sa volonté, il était, à son tour, esclave des devoirs de la royauté. On a dit, non sans raison , qu'il avait été lui-même son principal ministre : pendant plus de trente ans, il travailla huit heures par jour; rien ne se faisait en son nom qu'il ne le sût et ne l'eût contrôlé avec soin.

Un arrêt de son Conseil avait, dès 1693, placé les villes pour leur gestion financière sous la tutelle des intendants ; une nouvelle ordonnance du 19 avril 1693 supprima les mairies électives. A Chalon, comme partout, la nomination d'un maire perpétuel ne souleva aucune difficulté. Ce magistrat suprême de la cité devait faire profession de la foi catholique et être âgé au moins de vingt-cinq ans. Pour l'aider dans ses fonctions, il eut des assesseurs qui jouirent des mêmes privilèges, tels que : exemption des tailles , des impositions de la ville, logement de soldats. En retour, ils devaient gérer avec zèle les intérêts de tous et faire exécuter les ordres de la Cour transmis par les intendants qui représentaient le pouvoir central dans les provinces, correspondaient avec les ministres et faisaient respecter partout l'autorité royale.

La vie municipale se trouva ainsi comme suspendue dans notre antique cité ; mais nul ne songea à s'en plaindre ; la servitude générale, si on peut parler ainsi, était dissimulée par la gloire et le prestige personnel du monarque. Les revers qui ont attristé les dernières années du long règne de Louis XIV et pendant lesquels il se montra plus grand encore qu'au milieu de la prospérité, ne purent affaiblir l'ardeur que chacun apportait au service du Roi. Tout ce qui touchait à sa personne était l'objet d'une sorte de vénération enthousiaste. Les princes de sa famille avaient une large part dans cette affection passionnée de la France pour son glorieux monarque. Du reste, où vit-on jamais lignée royale plus illustre ?

Aussi étaient-ils acclamés partout où ils se montraient. Chalon donna des fêtes

magnifiques, en 1701, à l'occasion du passage des ducs de Bourgogne et de Berry.
La naissance du fils aîné du duc de Bourgogne, le 24 juin 1704, fut célébrée dans
notre ville avec une pompe extraordinaire;
selon toutes les apparences, c'était à ce
jeune prince que devait un jour revenir
l'héritage du grand Roi, lorsque son père
et son aïeul le lui auraient transmis. Mais
on sait que Dieu, sans doute en punition
des désordres de sa jeunesse, frappa
cruellement Louis XIV dans ses affections
domestiques. La petite vérole lui enleva
successivement le Dauphin, son fils unique, puis son petit-fils, l'incomparable
duc de Bourgogne, qui donnait à la France
l'espérance d'un règne tranquille et for-
tuné. En même temps, les deux enfants
que ce prince avait laissés après lui tom-
bèrent malades : l'aîné, celui dont la naissance avait comblé de joie les Chalonnais,
succomba, et, le jour où on célébra ses
funérailles, son frère, qui depuis fut
Louis XV, était mourant dans son berceau.
A ce spectacle, la France entière confondit
ses larmes avec celles de la famille royale,
et la douleur publique s'exprima par des

sanglots qui retentirent jusqu'au fond des provinces.

Le grand Roi descendit à son tour dans le tombeau (1715). Ici, on peut bien le dire, finit la splendeur de la monarchie.

Aux nobles entreprises succédèrent les querelles du jansénisme, qui amoindrirent la foi et surtout la charité chrétiennes, puis vint la lutte opiniâtre des parlements entretenue par tous les petits moyens d'une chicane minutieuse; au dehors, on fit des guerres sans but, soutenues sans énergie, que terminaient des traités honteux et avilissants. Le XVIIIe siècle est l'un des plus tristes de notre histoire; il marque le commencement de la décadence politique, sociale et religieuse de la France, dont nous sommes aujourd'hui, hélas! témoins et victimes.

Détournons donc nos regards de ces soi-disant philosophes, qui régnèrent en maîtres sur notre malheureux pays, à partir de la minorité de Louis XV et jusqu'à sa mort. De plus en plus audacieux, ils ourdirent, sous son successeur, contre la société chrétienne tout entière, l'odieuse conspiration qui a eu pour premier résultat

l'effondrement du trône et ensuite un
véritable retour à la barbarie par des
massacres épouvantables et des guerres
sans fin.

La peste, qui exerça tant de ravages
à Marseille en 1720, causa un grand effroi
aux habitants de Chalon. Aussitôt on
convoqua une assemblée générale, afin
d'aviser aux moyens les plus capables de
prévenir l'invasion du fléau. Les gardiens
des portes de la ville reçurent l'ordre de
veiller l'épée au côté, le jour et la nuit,
et d'interdire l'entrée de la cité à tous les
gueux et mendiants qui se présenteraient.
Quiconque arrivait des pays infestés était
repoussé impitoyablement. Les cochers
et les diligences sur la Saône, qui ame-
naient chaque jour un grand nombre de
voyageurs, étaient soigneusement visités
et l'on interdisait le séjour de la ville à
tout étranger non muni d'un certificat de
santé en bonne forme. Grâce à ces mesures sévères, la peste ne pénétra pas
dans Chalon et les craintes que l'on avait
eues se dissipèrent peu à peu.

En 1729, les fêtes splendides qui avaient
eu lieu l'année précédente, à l'occasion

du grand prix de province rendu par les
chevaliers de l'arquebuse, recommencèrent
avec un nouvel entrain pour célébrer la
naissance du Daüphin, fils de Louis XV.
De mémoire d'homme, selon un auteur,
on n'avait jamais rien vu de pareil, tant
l'affection que le bon peuple avait vouée
à la famille royale était vive et tenace !
Le soir, il y eut une illumination dans
toute la ville ; des feux de joie furent
allumés sur divers points. Un morceau
de poésie mis en musique par l'enseigne
de la milice bourgeoise fut chanté par
tout le monde.

Des réjouissances du même genre se
renouvelèrent les 3, 4 et 5 septembre 1736,
en l'honneur d'un arrière petit-fils du
grand Condé ; puis, l'année suivante, à
l'occasion du passage de la reine de
Sardaigne. Le long et pacifique ministère
de Fleury avait ramené la prospérité en
France et nos pères voulaient témoigner
hautement leur allégresse dans ces circonstances solennelles.

Ils eurent peut-être moins de raisons
de se livrer à la joie en apprenant la
signature du traité d'Aix-la-Chapelle (1748).

Louis XV avait fait la paix en roi et non en marchand, selon son expression. Nous abandonnions les frontières du Rhin que notre vaillante armée avait conquises; mais chacun désirait la paix, l'indolent monarque plus que tout autre. Voilà pourquoi les fêtes données dans notre ville à la nouvelle de la cessation des hostilités eurent un si grand retentissement. Ce furent, hélas! les dernières; les temps devenaient de plus en plus durs et difficiles ; déjà la récolte de l'année 1746 ayant été mauvaise, Chalon avait failli souffrir de la disette. Le maire et les assesseurs, d'accord avec les notables, firent acheter une grande quantité de blé et le revendirent au-dessous du prix courant; par là, le mauvais vouloir des accapareurs se trouva heureusement neutralisé.

En même temps, le fléau de la guerre, qu'on avait cru conjuré pour longtemps, s'abattit de nouveau sur la France; les impositions augmentèrent immédiatement et provoquèrent des plaintes nombreuses. Par un édit du mois d'août 1758, le ministre philosophe Choiseul taxa pendant six années consécutives, sous le titre de

don gratuit, toutes les villes et les bourgs
du royaume. La contribution pour Chalon
fut fixée à la somme de dix-huit mille
livres par an. Aussitôt les magistrats
firent entendre les plus pressantes réclamations, mais tout fut inutile. Afin de
faire face à une dette si lourde, on éleva
les droits de l'octroi et spécialement la
taxe de la viande, ce qui porta le trouble
dans la corporation des bouchers et causa
presque leur ruine. A cette nouvelle,
Louis XV exempta Chalon d'une partie
du don gratuit ; malgré cela, les magistrats
durent contracter de forts emprunts, qui
grevèrent le budget de la ville durant de
longues années.

Cet impôt ne fut pas la seule charge
onéreuse que Chalon eut alors à subir ;
l'établissement d'une filature de coton et
et d'une manufacture de toiles aux Echavannes, décrété par les autorités supé-
rieures de la province, ne donna pas les
résultats qu'on avait espérés.

Au système protecteur, qui avait fait
sous Colbert la fortune des industriels
français, les ministres de Louis XV venaient
de substituer une sorte de libre-échange

anticipé; aussi le produit des fabriques
étrangères amena-t-il promptement la
ruine des manufacturiers de Chalon qui
ne purent lutter contre la concurrence.
L'avance de fonds consentie par les
magistrats fut un véritable désastre financier pour la ville.

On ne réussit pas mieux, en 1762,
lorsque l'on voulut établir sur la Saône
une machine hydraulique destinée à distribuer les eaux de la rivière sur tous
les points de la cité. Après de nombreuses
et presque toujours vaines tentatives, il
fut reconnu que non seulement le méca-
nisme imaginé était défectueux dans sa
conception, mais encore qu'il nuisait à
la navigation. Le seul parti qui restait à
prendre fut de le démolir et d'en vendre
les matériaux au profit de la communauté,
laquelle avait fait tous les frais de l'entreprise.

Cette même année vit se consommer
le complot tramé secrètement par les
philosophes et les francs-maçons déjà
tout-puissants contre la compagnie de
Jésus.

L'arrêt du parlement, qui chassait les

jésuites de France est de 1762 ; jamais peut-être Louis XV ne montra autant de pusillanimité ; il aimait, il honorait la société proscrite, mais, cédant à l'influence d'une femme avilie qui le dominait, il ratifia l'inique procédure dirigée à Paris et dans les provinces contre les célèbres instituteurs de la jeunesse (1764). Ainsi fut renversé en un seul jour le plus solide rempart que l'on put encore opposer au triomphe prochain de la Révolution. A Chalon, les PP. Jésuites, contraints d'abandonner la direction du collège, emportèrent avec eux l'estime et les regrets de la population tout entière.

Des pluies continuelles endommagèrent gravement les récoltes, en 1770, et occasionnèrent cette fois une disette qui porta à son comble la misère du pauvre peuple à Chalon.

Les magistrats, après avoir employé tous les moyens en leur pouvoir afin de ramener l'abondance dans la ville, eurent recours à l'assistance du ciel. Des prières publiques furent décrétées et faites avec beaucoup de piété. L'année suivante, comme la chèreté des vivres ne diminuait pas, les négociants de la ville offrir spontanément de fournir tous les blés dont on pourrait avoir besoin, sans aucun intérêt pour la somme d'argent qu'ils avanceraient. Une telle proposition fut acceptée avec la plus grande reconnaissance par les magistrats. Le contrôleur général des finances, l'abbé Terray, écrivit lui-même à l'intendant de Bourgogne pour féliciter les honorables commerçants de Chalon, au nom du roi.

Louis XV mourut le 10 mai 1774 ; le 3 juin suivant, le maire et les échevins de Chalon, réunis en assemblée extraordinaire, décidèrent que, le 11 du même mois, les habitants de la ville seraient convoqués à l'hôtel-de-ville afin de prêter serment au nouveau roi, le vertueux et infortuné Louis XVI. Tous levèrent la main et promirent fidélité inviolable, tandis que retentissaient au dehors le son des trompettes, des tambours et des cloches. Combien, parmi les membres de cette imposante réunion, se laisseront entraîner au parjure, dans quelques années, lorsque le malheureux prince, victime de sa trop grande bonté, fera en vain appel

aux sentiments généreux de la nation !
Assurément aucun Chalonnais n'aurait
voulu violer son serment, s'il avait été
libre ; car, ne l'oublions pas, la Révolution
de 1789 n'a été le fait que d'un petit
nombre de meneurs inféodés à la secte
ténébreuse qui disposait à son gré des
personnes et des choses. L'immense majorité de la population resta fidèle à son
Dieu et à son roi ; mais terrorisée par
des massacres qui furent décrétés sur
tous les points à la fois, plus encore
effrayée par des dénonciations odieuses
dont chacun se sentait menacé, elle fut
impuissante à empêcher le mal que des
hommes indignes commettaient en son
nom. Le vrai peuple français ne fut
jamais avec ces misérables qui, pervertis
par le vice ou dévorés d'ambition, exercèrent sur la France une tyrannie si
épouvantable. On en a la preuve dans
ces larmes secrètes qui furent versées
sur les malheurs de la famille royale,
sous le toit du riche comme sous le
chaume du pauvre, à la ville et à la
campagne. Durant les dernières années
de la monarchie, on dirait, à voir l'enthou-

siasme croissant de nos pères pour les Bourbons, qu'ils avaient le pressentiment des catastrophes inouies qui devaient fondre sur eux. Ainsi, lorsque Monsieur, frère du roi (plus tard Louis XVIII), fit son entrée à Chalon, le 15 juillet 1777, les habitants n'eurent pas assez de fleurs ni de vivats pour saluer sa bienvenue.

De même, la naissance du Dauphin, fils aîné de Louis XVI et de Marie-Antoinette, que l'on célébra le 11 novembre 1781, donna lieu à des fêtes splendides, qui se renouvelèrent encore le 21 décembre 1783, à l'occasion du traité de Versailles.

Personne n'ignore comment les espérances de paix et de bonheur que la convocation des Etats généraux avait fait naître en France furent si cruellement déçues. Nous ne voulons point donner le récit des journées sanglantes par lesquelles la Révolution a marqué chacune de ses étapes, pas plus que nous n'avons à en étudier les causes (1). Nous n'expo-

---

(1) Nous avons cependant cru utile de dire en quelques mots la manière dont se firent les élections des députés des trois ordres à Chalon. Les lettres

serons pas davantage les changements profonds qu'elle a apportés dans la constitution politique et sociale de notre pays. Il sera facile d'établir cette comparaison du présent et du passé à Chalon, en mettant d'un côté l'état actuel de la ville

patentes portant convocation des Etats généraux pour le 1er mai 1789 à Versailles, furent envoyées aux baillis le 24 janvier précédent. A la requête du procureur du roi, l'évêque, les abbés de St-Pierre, de La Ferté et de Maisières, les corps et communautés ecclésiastiques, les nobles possédant fief furent assignés par un huissier royal à comparaître en personne ou par procureurs au siège du bailliage. L'assignation des membres du Tiers Etat se fit au prône de chaque paroisse de la ville par les soins du maire et des échevins ; huit jours après, une réunion préparatoire de tous les habitants désigna les citoyens nés Français ou naturalisés, âgé de vingt-cinq ans, domiciliés et inscrits au rôle des impositions qui devaient composer l'assemblée primaire, rédiger les cahiers de doléance et nommer les électeurs du premier degré. En effet, une nouvelle assemblée préliminaire procéda à la fusion des cahiers et choisit dans la proportion d'un quart les électeurs qui devaient concourir à former l'assemblée générale des trois ordres du bailliage.

Il est facile après ce court exposé de voir la différence qui existe entre les élections de 1789 et celles qui suivirent.

fourni par les dernières statistiques, de l'autre, son importance administrative telle que nous la trouvons exposée dans la *Description du gouvernement de Bourgogne*, en 1727 :

« Chalon-sur-Saône, ville principale du Chalonais ; quatrième diocèse de la province ecclésiastique de Lyon ; troisième évêché suffragant de l'archevêché de Lyon ; église cathédrale de St-Vincent ; abbaye de Bénédictins sous le vocable de S. Pierre, fondée, en l'année 584, par Flavius, évêque de Chalon ; abbaye de Bénédictines, dite Notre-Dame de Lancharre ; église collégiale de St-Georges, fondée, en 1322, par Odoard, seigneur de Montagu ; prieuré de l'ordre de S. Benoît, sous le vocable de Ste-Marie ; premier archidiaconé et archiprêtré de ce diocèse ; paroisses de St-Vincent cathédrale, St-Georges collégiale, Ste-Marie prieuré et St-Jean de Maisel ; commanderie de l'ordre de Malte dite du Temple, dans le grand prieuré de Champagne ; commanderie de l'ordre de S. Antoine ; séminaire dirigé par les prêtres de l'Oratoire ; Carmes, Cordeliers, Capucins et Minimes ; Carmélites, Jacobines, Ursulines et Visitation ; collège régenté par les jésuites ; hôpital général, ou de Notre-Dame de Pitié, servi par des religieuses ; hôpital de la charité sous le vocable de S. Louis ; officialité du diocèse ressortissante pour la plus grande partie à l'official métropolitain de Pontdevaux, et à celui de Lyon pour ce qui est en Mâconnais ; officialité du chapitre ressortissante

au métropolitain de Pontdevaux ; chambre des
décimes ressortissante à la chambre souveraine de
Lyon ; recette particulière de la recette générale des
décimes de Bourgogne ; gouvernement particulier
dans la lieutenance générale du Chalonais, avec
citadelle et garnison ; lieutenance de Mrs. les maré-
chaux de France ; troisième bailliage principal du
parlement de Bourgogne ; chancellerie aux contrats
aussi ressortissante au parlement ; présidial uni au
bailliage et à la chancellerie ; chancellerie près le
présidial ; châtellenie royale pour la moitié de la
ville du côté de midi, la grande rue faisant la
séparation, et pour les faubourgs de Ste-Marie et
St-Jean de Maisel ; Mr. le maréchal d'Uxelles,
lieutenant général pour le Roi, gouverneur et bailly
de Chalon, en est engagiste ; justice. du chapitre de
la cathédrale, de l'abbaye de St-Pierre et de là
commanderie du Temple ; elles ressortissent au
bailliage et présidial, de même que la châtellenie ;
bailliage du temporel de l'évêché dont la justice
comprend l'autre moitié de la ville, le faubourg de
St-André et plusieurs paroisses de la campagne ; ce
bailliage ressortit nuement au parlement ; mairie
qui a la police sur toute la ville et les faubourgs,
même dans celui de St-Laurent ; maîtrise particulière d'eaux et forêts de la table de marbre de
Bourgogne ; justice consulaire du parlement de
Dijon ; maréchaussée sous le prévôt général de
Bourgogne ; grenier à sel du parlement et de la
direction de Dijon ; justice d'entrepôt des sels ressortissante au parlement ; justice des Traites-Foraines
dite la maîtrise des ports et passages, qui ressortit
aussi au parlement ; bureau et recette des mêmes

Traites ; subdélégation de l'intendance de Dijon ;
quatrième ville qui députe aux Etats de Bourgogne,
et la cinquième qui nomme l'élu du Tiers état,
le tout suivant le rang réglé par provision ; recette
particulière des mêmes états ; recette particulière des
bois de la maîtrise ; route de la poste de Dijon
à Lyon ; direction et bureau des coches et diligences
par terre pour Dijon et Paris, des coches et diligences
par eau de Chalon à Lyon et des coches par eau
de Chalon à Auxonne. »

FIN.

TABLE DES MATIÈRES

CHAPITRE III

LES INVASIONS BARBARES

CHAPITRE IV

CHALON, VILLE ROYALE

CHAPITRE V

LES COMTES DE CHALON

CHAPITRE VI

LA COMMUNE DE CHALON

CHAPITRE VII

FONDATIONS MONASTIQUES

CHAPITRE VIII

CHALON ET LES DUCS DE BOURGOGNE

CHAPITRE IX

LES GUERRES DE RELIGION

CHAPITRE X

NOUVELLES FONDATIONS PIEUSES

CHAPITRE XI

LES TEMPS MODERNES

FIN DE LA TABLE DES MATIÈRES.

Chalon-s-S., imp. L. MARCEAU, suc. de J. DEJUSSIEU.

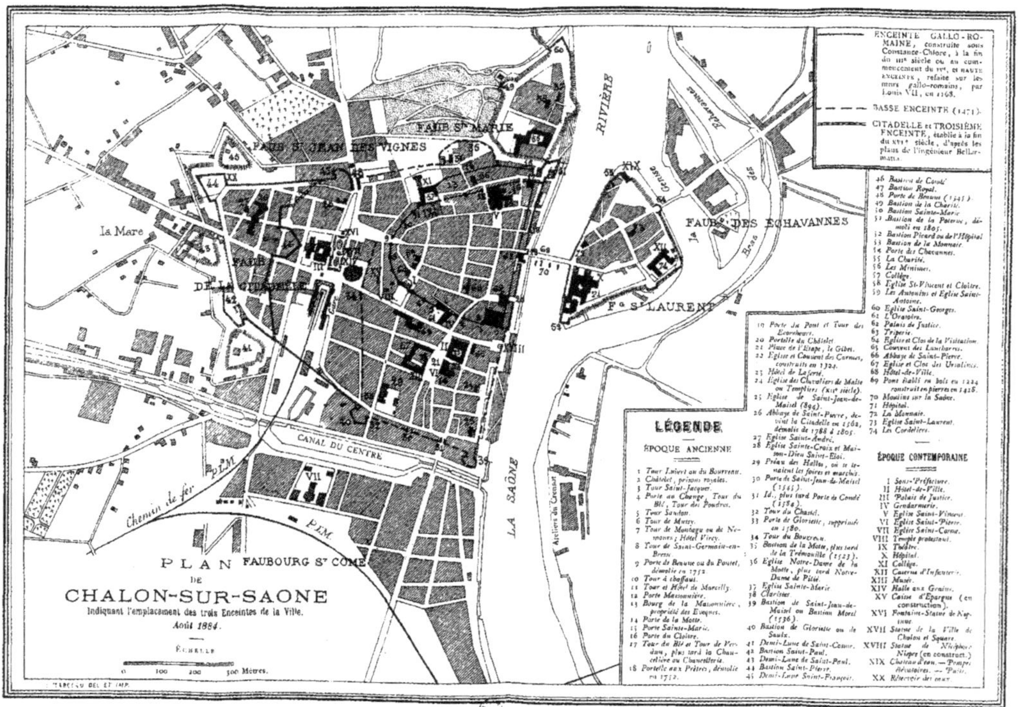

PLAN
DE
CHALON-SUR-SAONE
Indiquant l'emplacement des trois Enceintes de la Ville.
Août 1884.

ECHELLE

0   100   200   300 Mètres.

TABLEAU DEL. ET IMP.

FAUB ST MARIE — FAUB ST JEAN DES VIGNES — FAUB DE LA CITADELLE — La Mare — RIVIÈRE — FAUB DES ECHAVANNES — Fg ST LAURENT — LA SAÔNE — CANAL DU CENTRE — Chemin de fer — P.L.M. — Ancienne du Creusot — FAUBOURG ST COME

ENCEINTE GALLO-ROMAINE, construite sous Constance-Chlore, à la fin du IIIe siècle ou au commencement du IVe, et haute enceinte, refaite sur les murs gallo-romains, par Louis VII, en 1165.

---- BASSE ENCEINTE (1471).

CITADELLE et TROISIÈME ENCEINTE, établie à la fin du XVIe siècle, d'après les plans de l'ingénieur Bellormatus.

LÉGENDE

ÉPOQUE ANCIENNE

1 Tour Inivert ou du Bourreau.
2 Châtelet, prisons royales.
3 Tour Saint-Jacques.
4 Porte au Change, Tour du Blé, Tour des Poudres.
5 Tour Sandon.
6 Tour de Mursy.
7 Tour de Montagu ou de Nemours; Hôtel Virey.
8 Tour de Saint-Germain-en-Bresse.
9 Porte de Beaune ou du Poutet, démolie en 1752.
10 Tour à échafaud.
11 Tour et Hôtel de Marcilly.
12 Porte Maçonnière.
13 Bourg de la Maçonnière, propriété des Evêques.
14 Porte de la Motte.
15 Porte Sainte-Marie.
16 Porte du Cloître.
17 Tour du Blé et Tour de Verdun, plus tard la Chancelière ou Chancellerie.
18 Portelle aux Prêtres, démolie en 1752.
19 Porte du Pont et Tour des Ecorcheurs.
20 Portelle du Châtelet.
21 Place de l'Etape, le Gibet.
22 Eglise et Couvent des Carmes, construits en 1724.
23 Hôtel de La Ferté.
24 Eglise des Chevaliers de Malte ou Templiers (XIIe siècle).
25 Eglise de Saint-Jean-de-Maisel (894).
26 Abbaye de Saint-Pierre, devint la Citadelle en 1562, démolie de 1788 à 1805.
27 Eglise Saint-André.
28 Eglise Sainte-Croix et Maison-Dieu Saint-Eloi.
29 Préau des Halles, où se tenaient les foires et marchés.
30 Porte de Saint-Jean-de-Maisel (1545).
31 Id., plus tard Porte de Condé (1584).
32 Tour du Chastel.
33 Porte de Gloriette, supprimée en 1580.
34 Tour du Bouverau.
35 Bastion de la Motte, plus tard de la Trémouille (1523).
36 Eglise Notre-Dame de la Motte, plus tard Notre-Dame de Pitié.
37 Eglise Sainte-Marie.
38 Claristes.
39 Bastion de Saint-Jean-de-Maisel ou Bastion Morel (1536).
40 Bastion de Gloriette ou de Saulx.
41 Demi-Lune de Saint-Cosme.
42 Bastion Saint-Paul.
43 Demi-Lune de Saint-Paul.
44 Bastion Saint-Pierre.
45 Demi-Lune Saint-François.
46 Bastion de Condé.
47 Bastion Royal.
48 Porte de Beaune (1541).
49 Bastion de la Charité.
50 Bastion Sainte-Marie.
51 Bastion de la Poterne, démoli en 1805.
52 Bastion Picard ou de l'Hôpital.
53 Bastion de la Monnaie.
54 Porte des Chavannes.
55 La Charité.
56 Les Minimes.
57 Collège.
58 Eglise St-Vincent et Cloître.
59 Les Antonins et Eglise Saint-Antoine.
60 Eglise Saint-Georges.
61 L'Oratoire.
62 Palais de Justice.
63 Triperie.
64 Eglise et Clos de la Visitation.
65 Couvent des Lazaristes.
66 Abbaye de Saint-Pierre.
67 Eglise et Clos des Ursulines.
68 Hôtel-de-Ville.
69 Pont établi en bois en 1224, construit en pierres en 1415.
70 Moulins sur la Saône.
71 Hôpital.
72 La Monnaie.
73 Eglise Saint-Laurent.
74 Les Cordeliers.

ÉPOQUE CONTEMPORAINE

I Sous-Préfecture.
II Hôtel-de-Ville.
III Palais de Justice.
IV Gendarmerie.
V Eglise Saint-Vincent.
VI Eglise Saint-Pierre.
VII Eglise Saint-Cosme.
VIII Temple protestant.
IX Théâtre.
X Hôpital.
XI Collège.
XII Caserne d'Infanterie.
XIII Musée.
XIV Halle aux Grains.
XV Caisse d'Epargne (en construction).
XVI Fontaine-Statue de Neptune.
XVII Statue de la Ville de Chalon et Square.
XVIII Statue de Nicéphore Niepce (en construct.).
XIX Château d'eau — Pompes, élévatoires. — Puits.
XX Réservoir des eaux.

www.ingramcontent.com/pod-product-compliance
Lightning Source LLC
LaVergne TN
LVHW050148030726
842520LV00002B/348